李锐铎 著

基于分数阶导数理论的沥青混合料力学特性

Mechanical Properties of Asphalt Mixture Based on Fractional Derivative Theory

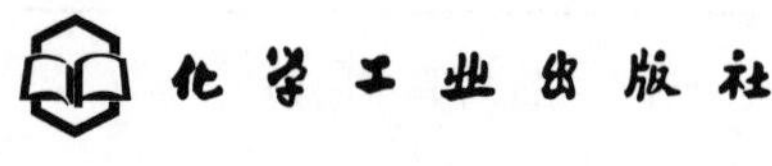

化学工业出版社

·北京·

本书基于沥青混合料力学行为理论研究及实际工程需求，结合分数阶导数理论在描述材料复杂条件下力学行为的优势，分别利用分数阶导数理论构建一种新的改进分数阶导数幂函数经验蠕变本构模型和考虑应力水平、温度水平的经验蠕变本构模型，分别描述沥青砂的蠕变恢复特性和沥青混合料单轴静载蠕变变形特性，并且基于 ABAQUS 提供的用户材料子程序二次开发功能，编写新构建的分数阶导数沥青混合料经验蠕变本构模型子程序，对沥青混合料单轴静载压缩蠕变试验和沥青混合料车辙试验进行数值模拟分析，进而实现沥青混合料在循环动态荷载作用下的车辙变形预估，为进一步研究沥青混合料的永久变形特性提供了新的方法。

本书可供从事交通运输工程、道路与铁道工程以及道路建筑材料等领域的工程设计、管理、施工、养护技术人员阅读，也可供高等学校以及科研院所的教师、学生以及科研人员等参考。

图书在版编目（CIP）数据

基于分数阶导数理论的沥青混合料力学特性/李锐铎著. —北京：化学工业出版社，2019.9（2023.1 重印）

ISBN 978-7-122-34834-0

Ⅰ.①基… Ⅱ.①李… Ⅲ.①沥青拌和料-材料力学 Ⅳ.①U414.7

中国版本图书馆 CIP 数据核字（2019）第 141258 号

责任编辑：彭明兰　　装帧设计：史利平

责任校对：宋　玮

出版发行：化学工业出版社（北京市东城区青年湖南街 13 号　邮政编码 100011）

印　　装：河北鑫兆源印刷有限公司

710mm×1000mm　1/16　印张 9　字数 183 千字　2023 年 1 月北京第 1 版第 2 次印刷

购书咨询：010-64518888　　售后服务：010-64518899

网　　址：http://www.cip.com.cn

凡购买本书，如有缺损质量问题，本社销售中心负责调换。

定　　价：73.00 元

前言

沥青路面由于其具有良好的行车舒适性、噪声小、对路基不均匀沉降适应性强和易于快速维修等优点而得到广泛应用。由于沥青混合料的力学性能受原材料种类、矿料级配组成、环境温度、荷载水平等多种因素影响，想要全面准确地描述沥青混合料的力学行为十分困难。近年来，分数阶导数理论由于具有参数少，并且能够更加精确地描述黏弹性材料的力学行为而获得了广泛的应用。因此，本书尝试将分数阶导数理论与黏弹塑性力学理论有机结合，按照沥青混合料胶浆理论，分别对沥青胶浆、沥青砂及沥青混合料的力学性能进行系统研究。研究结果表明：分数阶导数本构模型能够更加精准地描述沥青胶砂及沥青混合料的蠕变及恢复特性，具有较为广泛的适用性，同时为进一步研究沥青混合料的永久变形特性提供了新的途径。

全书共分为 7 章。第 1 章介绍沥青路面病害种类、成因及分数阶导数理论应用概况。第 2 章介绍沥青的黏弹性性质及测试方法。第 3 章介绍分数阶导数理论及其在工程中的应用。第 4 章基于分数阶导数理论研究沥青胶浆的流变性能。第 5 章基于分数阶导数理论研究沥青砂的蠕变恢复特性。第 6 章基于分数阶导数理论构建了沥青混合料的蠕变本构模型。第 7 章基于有限元对沥青混合料的车辙变形进行了计算分析。书中用较大篇幅阐述了分数阶导数理论概况及相关模型的推导计算，并在此基础上提出了相应改进，进而演绎出多种沥青材料的半经验半理论本构模型，为全面准确地描述沥青材料的力学特性提供了有益的补充。

在本书的著述过程中，得到了河南城建学院青年骨干教师项目的资助，在此特表感谢。此外，书中还参考、引用了行业规范及标准以及同行和有关专家的资料及成果，在此一并表示感谢。

由于作者知识及水平有限，书中难免有不尽如人意之处，敬请读者不吝指正。

目录

第6章 基于分数阶导数理论的沥青混合料永久变形特性研究 102

第7章 分数阶导数沥青混合料经验蠕变本构模型有限元应用 126

第1章 绪论

1.1 我国沥青路面发展概述

从新中国成立初期至改革开放初期，我国的公路建设主要是对原有道路的修补、改造及满足国防需求。全国公路通车里程增长较快，但是公路等级普遍较低。随着改革开放经济的高速发展和国家政策的支持，我国的公路交通事业得到了较快发展。1988年，我国首条高速公路沪嘉（上海至嘉定）高速公路建成通车。随后，被誉为“神州第一路”的沈大高速公路和我国第一条利用世界银行贷款建设的京津唐高速公路通车，我国的高速公路建设驶入快速健康发展的轨道。

特别是在1998年，我国为了应对亚洲金融危机，采取了积极的货币政策，加大了基础设施建设的支持力度，我国的高速公路事业进入了快速发展的阶段，年均通车里程超过4000km。至2013年底，全国高速公路通车总里程达到10.4万千米，超过美国居世界第一。至2017年末，全国公路总里程达到477.35万千米，是1984年末的5.2倍，公路密度为49.72千米/百平方千米。其中，高速公路达到13.65万千米，里程规模居世界第一，已覆盖约98%的城镇人口为20万以上的城市。

按照交通运输部的规划，今后十几年，我国还将投入4.7万亿元用于国家公路网的建设，到2030年建成总规模约40万千米的国家公路网，其中，包括26.5万千米的普通国道和11.8万千米的国家高速公路。国家高速公路将连接所有地级行政中心及城镇人口超过20万的中等及以上城市[1]。

1.2 沥青路面典型病害

在我国社会发展初期，由于经济条件限制，我国公路路面长期以水泥混凝土路面为主。水泥混凝土路面具有强度高、稳定性好和耐久性好等特点，水泥混凝土路面色泽鲜明，能见度好，并且有利于夜间行车。但是，水泥混凝土路面也存在大量消耗水泥和水资源、行车舒适性差、开放交通慢和修复困难等缺点。

与水泥混凝土路面相比，沥青路面由于具有良好的行车舒适性、噪声小、对路基不均匀沉降适应性强和易于快速维修等优点而获得越来越广泛的应用。在长期使用过程中，沥青混合料具有显著的流变性质，其强度、稳定性和可靠性有别于一般固体，在车辆荷载和各种自然因素的作用下，自身性能上的不足也逐渐显现出来，各种病害应运而生。沥青路面常见的病害主要有以下几类。

1.2.1 裂缝

裂缝是沥青路面最主要的病害之一，分为横向裂缝、纵向裂缝和龟裂，如图 1.1～图 1.3 所示。

图 1.1 横向裂缝

图 1.2 纵向裂缝

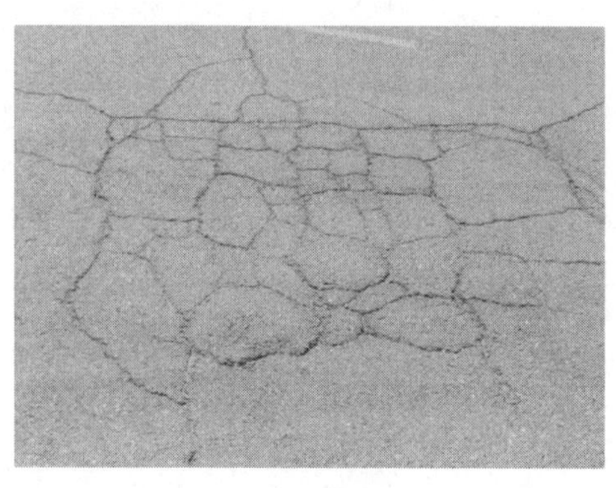

图 1.3 龟裂

横向裂缝垂直于道路前行方向，主要有收缩裂缝、反射裂缝和疲劳裂缝。收缩裂缝是沥青路面材料在低温时由于收缩受限产生拉应力，当拉应力大于沥青混合料的承载力时就会产生收缩裂缝；反射裂缝主要针对半刚性基层沥青路面，当半刚性基层出现断裂后，会导致沥青路面在相应位置出现裂缝；疲劳裂缝主要是由于温度的高低变化以及重复车辆荷载的作用，使沥青混合料出现疲劳而产生的裂缝。

纵向裂缝由于路基出现不均匀沉降或路基承载力不足引起的，大多数发生在路面外侧部分。

龟裂是在重复车辆荷载作用下，沥青面层或基层发生疲劳破坏而引起路面出现的网状裂缝。

1.2.2 坑槽

坑槽是沥青路面较为常见的病害（如图 1.4 所示），是沥青路面中的沥青混合料粗集料剥落形成的凹状结构，沥青路面的坑槽严重影响着路面质量和路面寿命，并对行车安全带来重要影响。

1.2.3 车辙

车辙是指沥青路面结构层及路基在荷载作用下的补充压实，以及沥青路面结构层材料的侧向位移产生的累积永久变形，如图 1.5 所示。

图 1.4 坑槽

图 1.5 车辙

沥青路面车辙主要有以下几种类型。

① 结构型车辙 是指土路基、（底）基层、沥青面层等结构层在车辆荷载作用下产生的累积永久总变形。特点为车轮作用下方下陷，两侧没有隆起。

② 失稳型车辙 也叫流动型车辙，是由沥青面层在车辆荷载作用条件下发生的侧向流动引起。特点为车轮作用下方下陷，两侧向上隆起。

③ 磨耗型车辙 是在车辆轮胎磨耗作用下导致沥青混凝土面层内部集料发生脱落而形成的车辙。

④ 压密型车辙 由于设计或施工不当导致沥青面层空隙率过大或压实度不足，在车辆重复荷载的作用下进一步压实而形成的车辙。

1.2.4 泛油

泛油是沥青路面中的沥青受热膨胀，填满沥青混合料之间的空隙，在车辆荷载的作用下从路面内部或下部移动到路表，使路面出现过多的沥青的现象，如图 1.6 所示。

沥青混合料中的沥青用量过多是导致沥青路面出现泛油病害的最主要原因。夏季气温较高，沥青混合料的稳定性较差，夏季是沥青路面出现泛油的高发季节。泛油的出现降低了沥青路面的摩擦系数，降低了道路的行车安全性。

除了上述病害，沥青路面还会经常出现沉陷、松散、拥包、波浪等病害。

导致沥青路面出现以上病害的原因较多，其中有地理位置、气候条件、路面结构类型、原材料种类、施工技术水平、交通荷载类型及大小、养护水平高低等因素。近些年，在沥青路面破坏种类中，车辙病害的比例越来越高。由于全球气候变暖，我国夏季最高气温逐渐升高。在高温条件下，沥青混合料在重复荷载作用下会产生不可恢复的黏滞流动变形，因此沥青路面产生失稳型车辙的比例不断提高。并

图 1.6 泛油

且近年来，随着公路及城市道路交通量的迅速增长，重型车辆日益增多，特别是交通渠化的影响，在重载高速公路、城市道路交叉口、公交专用道、公交停靠站等路段，失稳型车辙尤为突出。车辙病害的出现不仅降低了道路的使用寿命，也给行车安全带来较大的隐患，主要表现为以下几点。

① 降低了路面的平整度，导致行车舒适性降低。

② 使车辙轮迹带沥青混凝土厚度减薄，降低了面层以及路面结构的整体强度，进而引起裂缝、拥包等其他路面病害。

③ 在车辙严重的路段，车辆正常转向难以控制。特别是在雨雪天，车辆易发生漂滑而严重影响高速行车的安全性。

为了探究车辙产生的深层次原因，必须深入研究沥青混合料的力学行为并建立合理的本构关系，进而建立合理的车辙预估模型，减少车辙病害的发生，提高路面使用寿命。为此，国内外许多学者进行了大量的研究，并取得了丰富的科研成果[2-7]。按照胶浆理论，沥青混合料是由粗分散系、细分散系（沥青砂浆）和微分散系（沥青胶浆）组成的多级空间网状胶凝结构，这种组合造成了沥青混合料材料组成的多样性和结构的复杂性，并且其力学性能受温度、荷载水平等多种因素影响。因此，建立沥青混合料合理的本构关系及进行有效车辙预估成了世界性的难题，也是世界各国公路科技工作者研究的重点和难点。

要想建立沥青混合料合理的本构关系，需要对组成沥青混合料复合体系中的三相体系进行系统研究，并确定其应力应变关系。近年来，国内外学者陆续开始对沥青胶浆和沥青砂的力学行为进行研究[8-11]，建立了多种黏弹塑性本构模型，但大都存在模型复杂、参数确定不便等问题。

近年来，分数阶导数理论由于具有参数少，并且能够更加精确描述黏弹性材料的力学行为而获得了广泛的应用。因此，本书尝试将分数阶导数理论与黏弹塑性力学理论有机结合，按照沥青混合料胶浆理论，分别对沥青胶浆、沥青砂及沥青混合料的力学性能进行系统研究。通过对不同粉胶比的沥青胶浆动态频率扫描试验结果进行分析，研究沥青胶浆的动态力学特性；同时，通过对沥青胶浆进行低温弯曲梁流变试验，探讨沥青胶浆的低温流变性能；通过沥青砂进行单轴静载蠕变恢复试验，建立新的分数阶导数幂函数经验蠕变本构模型；针对沥青混合料单轴静载蠕变变形特性，基于分数阶导数理论，建立考虑应力水平和温度水平的经验蠕变本构模型；针对沥青混合料高温抗剪性能指标试验方法的不足，对现有单轴贯入试验压头进行局部改造，基于改进的单轴贯入压头对沥青混合料进行变形强度试验，探讨变形强度作为沥青混合料高温抗剪性能评价指标的可行性。在此基础上，基于ABAQUS软件提供的二次开发平台，编写新构建的分数阶导数沥青混合料经验蠕变本构模型子程序，并对沥青混合料单轴静载压缩蠕变试验和沥青混合料车辙试验进行数值模拟分析，进而实现沥青混合料在循环动态荷载作用下的车辙变形预估，从而为进一步完善沥青路面结构设计理论提供一定的技术支撑。

1.3 沥青混合料车辙预估模型

1.3.1 国外研究概况

随着交通量的增大和车辆轴载的增加，沥青路面车辙问题逐渐引起人们的重视。自1962年第一届国际沥青混凝土路面结构设计会议召开以来，车辙问题逐渐成为研究的热点和重点，国内外学者对沥青路面的车辙问题进行了系统深入的研究，取得了丰富的研究成果，建立了多种车辙预估模型。概括起来可以分为经验法、理论法和力学-经验法。

（1）经验法

经验法是以室内试验结果或者试验路的实测数据为基础，采用统计学方法建立沥青路面结构层的永久变形与沥青混合料材料特性、车辆荷载作用次数等参数的关系。具有代表性的模型如下。

Wijeratne等[12]基于沥青混合料三轴试验结果，建立了沥青混合料结构层与材料特性及荷载作用次数之间的关系，结合材料性能试验和路面结构应力分析确定沥青层的车辙，计算公式为

$$\lg\varepsilon_p = c_0 + c_1 \lg N \tag{1.1}$$

式中 ε_p——沥青混合料层竖向永久变形；

c_0、c_1——沥青混合料材料特性及受力状况参数；

N——重复荷载作用次数。

此模型没有考虑荷载作用的时间效应，具有一定的局限性。

2002年，Archilla基于美国各州公路工作者协会（American Association of State Highway & Transportation Officials，简称AASHTO）的路面试验数据，提出了如式(1.2)所示车辙预估模型[13]：

$$DR_{it} = \delta_i + a_i(1 - e^{b_i N_{it}}) \tag{1.2}$$

式中 DR_{it}——时间t时断面i的车辙深度；

δ_i——路面断面i竣工时源于下卧层的车辙深度，为一与全部初始车辙深度相关的非观察值；

a_i、b_i——路面特性函数；

N_{it}——在时间t时路面断面i累积荷载重复作用次数。

很显然，此模型考虑了力作用时间对车辙的影响，具有一定的理论基础，但是模型没有考虑沥青材料的力学性能参数，且没有考虑路面结构的整体效应，所以其应用局限性较大。

由于车辙一般都需要几年甚至几十年的时间才能形成，因此很难获得经验法需要的大量室内试验以及路面车辙实测数据。而且经验法预估模型的适用条件单一，

通用性较差，难以大规模推广应用。

（2）理论法

理论法基于弹性层状体系理论或黏弹性、黏弹塑性理论计算路面内部的应力和应变分布，结合试验得到沥青混合料的性能参数。然后根据路面材料的永久变形同应力之间的关系，建立沥青面层的永久变形预估模型。理论法主要有弹性层状体系法、黏弹性法、黏弹塑性法等方法。

① 弹性层状体系法　弹性层状体系法又称层应变法，由 Barksdale 和 Richard 最先提出[5]。这种方法的原理是把路面每层划分成更小的亚层，以弹性层状理论为基础对各亚层进行计算。然后结合室内试验，估计由各亚层塑形应变产生的累计路面车辙。公式为

$$\Delta P=\sum_{i=1}^{n}\varepsilon_i^{\mathrm{p}}\Delta z_i \tag{1.3}$$

式中　ΔP——路表的永久变形；

$\varepsilon_i^{\mathrm{p}}$——每一亚层的塑性应变；

Δz_i——每一亚层的厚度；

n——路面结构层的层数。

这种方法理论简单，基本满足工程应用的要求。但是模型存在没有考虑车轮荷载的剪切作用、基于弹性理论计算结果与实际行为不符合、模型预估精度不高等问题。

当前，在国际上应用最广的当推壳牌（Shell）法[14]，其模型表达式为

$$\Delta h=C_{\mathrm{m}}Z_0\sum_{i=1}^{n}\left(\frac{\sigma_{\mathrm{av}}}{S_{\mathrm{mix}}\eta}h_i\right) \tag{1.4}$$

式中　Δh——车辙深度；

C_{m}——动态修正系数；

Z_0——构造因子，用以调整实验室的单轴静态蠕变试验与实际路面侧向为受约束状态下不一致而造成的结果误差；

σ_{av}——第 i 分层内的平均压应力；

$S_{\mathrm{mix}}\eta$——第 i 分层沥青混合料的黏滞劲度；

h_i——第 i 分层厚度；

n——路面结构层的层数。

由式(1.4) 可以看出，该模型考虑了动态与静态的差异，基于沥青混合料的变形是由于相邻矿料间的滑移所形成的假定，并且从蠕变试验中得到的沥青混合料劲度与沥青劲度的关系，相当于反映沥青混合料永久变形的黏滞劲度与反映沥青永久变形的沥青黏滞劲度的关系。

② 黏弹性法　VESYS 模型[15] 是以黏弹性理论为基础的车辙预估模型，该模型认为路面材料的永久变形是应力、加载时间、温度、含水量的函数。并假定：a. 第 m 与 $m+1$ 次荷载作用期间，路面材料的黏弹性变形有足够的恢复时间；b. 每次荷载作用下各层的弯沉不变。并通过试验建立如下关系：

$$\begin{cases}R(N)=Wf(N)\\R=\sum_{i=1}^{n}R(N)\\f(N)=u(N)^{-a}\end{cases} \tag{1.5}$$

式中 $R(N)$——第 N 次荷载作用下的永久变形；

W——一次荷载作用下路面的弯沉；

u、a——面层材料的车辙特征系数，通过重复荷载试验测得；

R——车辙总量。

③ 黏弹塑性法 Sousa 等[16] 于 1993 年提出了一个损伤黏弹性模型来预估热拌沥青混合料永久变形。该模型采用 $C_1 \sim C_9$ 参数代表非线性弹性参数，通过简单剪切试验、单轴应变试验和体积试验获得非线性弹性参数。黏性部分通过一系列麦克斯韦模型、弹簧元件和黏壶元件组成，通过调整反映剪应变的黏壶参数来实现损伤的影响。

Sousa 和 Weissman[3] 在 1994 年改进了上述黏弹性模型，在原来的黏弹性模型基础上增加了一个弹塑性元件，提出了一个非线性黏弹塑性本构模型。该模型的黏弹性元件由 8 个麦克斯韦元件并联而成，代表荷载速率和温度影响，并且考虑了影响沥青混合料车辙变形的多种因素。模型采用了 Von Mises 屈服准则及其相关的流动规则，运用线性的各向同性和运动硬化定律，通过剪切试验确定模型参数，最后得到车辙深度和最大永久剪应变之间的关系为

$$D_{\mathrm{R}}=k\gamma_{\max} \tag{1.6}$$

式中 D_{R}——车辙深度；

$\gamma_{\max}$——最大永久剪应变；

k——系数。

Oeser 和 Moller[17] 使用胡克弹簧、开尔文体和牛顿黏壶元件分别代表材料的弹性、黏弹性和黏塑性部分进而提出了一个三维本构模型。模型在受拉区采用 Von Mises 准则屈服面，在受压区采用德鲁克-普拉格准则屈服面。该模型同时考虑了温度、自愈合和损伤的影响，但是该模型没有采用非关联流动法则。

Dessouky[18] 提出了德鲁克-普拉格准则屈服面的黏弹塑性本构模型并利用有限元程序进行了实现。但是该模型没有考虑材料恢复变形的非线性黏弹性能。

Chien-wei Huang[19] 则假设沥青混合料变形包括可恢复的黏弹性部分和不可恢复的黏塑性部分，并假设不可恢复部分均是时间相关的。其模型为

$$\varepsilon_{ij}=\varepsilon_{ij}^{\mathrm{nve}}+\varepsilon_{ij}^{\mathrm{vp}} \tag{1.7}$$

式中 ε_{ij}——总应变；

$\varepsilon_{ij}^{\mathrm{nve}}$——可恢复非线性黏弹变形部分；

$\varepsilon_{ij}^{\mathrm{vp}}$——非可恢复非线性黏塑变形部分。

该模型的非线性黏弹部分采用 Schapery 非线性黏弹性理论进行建模，而非线性黏塑性部分使用扩展的德鲁克-普拉格模型并采用非关联流动准则进行建模。

(3) 力学经验法

力学经验法主要是采用弹性层状体系理论或黏弹性层状体系理论计算路面的应力和应变，并结合室内外试验，统计得出沥青路面的车辙与路面材料特性、路面结构及荷载作用次数之间的经验关系式。较为典型的力学经验预估模型是 2004 年美国各州公路工作者协会 (AASHTO)[20] 提出的车辙预估模型，该模型的表达式为

$$\frac{\varepsilon_p}{\varepsilon_r}=10^{-3.15552}k\beta_{r1}N^{0.39937\beta_{r2}}T^{1.734\beta_{r3}} \tag{1.8}$$

式中 β_{r1}，β_{r2}，β_{r3}——模型的修正系数；

k——系数，$k=(C_1+C_2\times d)\times 0.328196^d$；

C_1，C_2——系数；

d——计算层的深度。

计算车辙时先计算出对应层位的塑性变形，即

$$\Delta R_{di}=\varepsilon_{pi}\Delta h_i \tag{1.9}$$

进而计算出车辙深度，其计算式为：

$$R_d=\sum_{i=1}^{n}\Delta R_{di} \tag{1.10}$$

1.3.2 国内研究概况

典型的沥青路面结构一般由面层、基层和路基三部分组成，路基是路面结构的基础，面层直接承受车辆荷载的作用，而基层将荷载分散传递到路基表面。对柔性基层路面来说，路面结构的永久变形主要由路面面层和路基的永久变形总和而成。而对于我国大规模使用半刚性基层的沥青路面来说，路面的永久变形主要由沥青面层产生。

与国外相比，我国对沥青路面车辙预估模型的研究开展得相对较晚。自 20 世纪 80 年代中期开始，同济大学、东南大学和长安大学陆续开始了研究，先后取得了一些重要成果。这些车辙预估模型主要是基于力学法、力学-经验法和有限元法，其中以力学法为主，有黏弹性、黏塑、弹塑性、黏弹塑性等模型。这些成果按时间先后顺序大体上可以总结成如下阶段。

(1) 第一阶段 (1990～2000 年)

在这段时期，主要以理论法为主，且大都是基于黏弹性理论进行求解，主要成果如下所述。

徐世法[7] 提出了一种能够有效表征沥青混合料变形特性的流变学模型，基于利用 MTS 试验机对沥青混合料所进行不同温度、不同应力及不同加载方式下的蠕变试验的试验结果，对沥青混合料的高温变形特性进行了全面分析，利用曲线拟合的方法确定了模型参数。

进一步，借助于此流变学模型，构建了一种新的高等级道路沥青路面车辙预估方法，提出了其中有关参数的确定方法，并绘制了供车辙计算查用的诸模图。试验结果表明，该车辙预估方法具有较高的可靠性。车辙深度为车辙处沥青层的最大减

薄量（W_{p}）与路面侧向隆起高度（W_{t}）之和，即车辙深度为

$$R_d = W_{\mathrm{p}}(1+K_{\mathrm{t}})C_{\mathrm{d}} \tag{1.11}$$

式中　W_{p}——沥青层的永久变形，利用黏弹性理论计算得到；

K_{t}——侧向隆起高度系数，近似取0.5；

C_{d}——动态修正系数，根据沥青混合料的类型不同分别取1.11和1.34。

许志鸿和郭大智等[6] 根据半刚性基层沥青路面特性，基于黏弹性层状体系理论，结合现场测试和室内试验结果，建立了一种考虑材料温度和加载时间效应的车辙预估模型，并且将本方法与Shell方法进行了计算对比。将该方法用于与广东惠州综合实验路16-1和16-2段，计算结果与实测结果十分接近。该方法理论基础可靠、使用简便，计算结果基本接近，具有更大的优越性。为了便于此方法推广及应用，编写了GHT88-1程序，该程序既可以预估沥青路面结构车辙，还可以按照当时的《公路柔性路面设计规范》(JTJ 014—86）进行设计和计算。

俞建荣和李一鸣[21] 结合“七五”国家重点攻关项目“单家寺稠油沥青混合料抗车辙能力及变形规律”，根据理论分析和室内轮辙试验建立车辙预估模型，属力学-经验法。该模型用沥青混合料动稳定度DS作为沥青混合料自身抵抗车辙变形的综合阻抗参数，利用K积分值代表沥青混合料横向流动动力参数，并利用累积荷载时间参数t反映沥青混合料的蠕变效应来建立车辙预估模型。其表达式为

$$\Delta H = 14.118t^{0.222}\frac{K^{0.592}}{\mathrm{DS}_5^{0.464}} \tag{1.12}$$

式中　ΔH——车辙深度；

t——累计荷载时间；

K——沥青混合料横向流动动力参数；

DS_5——5cm厚度试件测定的动稳定度值。

张登良[22] 采用弹性层状体系理论结合沥青材料的流变模型建立的预估模型同样属于理论法。

$$R_d = \left\{\sum_{i=1}^{n} C_{\mathrm{d}i}\left[\frac{E_i}{(S_{\mathrm{mix.}\,p})_i}\delta\right]\right\}(1+K_{\mathrm{L}}) \tag{1.13}$$

式中　R_d——车辙深度；

E_i——第i亚层沥青混合料的弹性模量；

$(S_{\mathrm{mix.}\,p})_i$——第i亚层沥青混合料的黏性劲度模量；

K_{L}——侧向隆起系数，$K_{\mathrm{L}}=0.5$；

$C_{\mathrm{d}i}$——第i亚层沥青混合料动态修正系数；

n——沥青层的亚层总数。

（2）第二阶段（2001～2010年）

在这段时期，随着计算机技术的迅速发展，许多学者采用了有限元的方法建立沥青路面车辙预估模型，主要成果有张洪信和陈秉聪等[23] 利用沥青路面黏弹塑性有限元法阐述了路面黏弹塑性有限元分析的理论与步骤，并以环胶州湾高速公路部分路段为例，计算了车辆一次性通过的车辙深度。利用该方法对胶州湾高速公路部分路段

进行验证分析，计算了车辆一次性通过的车辙深度，结果表明，车辙深度与车辆作用在路面的垂直压力成线性关系，与车辆和路面之间的纵向剪切应力关系不大。

王海君和李静[24] 介绍了将有限元方法应用于以路面永久变形为重点的路面设计领域的可能性，提出了以有限元方法和塑性为框架并结合双曲线蠕变法则描述路面车辙的发展规律的方法，建议基于线性德鲁克-普拉格屈服面和各向同性材料的双曲线蠕变法则，提供了采用蠕变和塑性指标的 ABAQUS 模拟柔性路面每层永久变形的形成过程的 3D 仿真实例，这些材料模型包含在通用程序的有限元程序 ABAQUS 中。沥青层总应变等于弹性应变元、塑性应变元、蠕变应变元、环境应变元（如温度分布等）之和，其中，弹性应变元可通过胡克定律计算得到；塑性应变元由线性德鲁克-普拉格屈服准则由试验得到；蠕变应变元可通过双曲线应变率表达式得到。

何兆益等[25] 基于运动车辆与不平整路面的相互耦合作用，建立车辆动力作用下沥青路面车辙计算与预估方法，提出一种新的汽车动载模型，该动载在不平整路面上施加了一个除静力荷载之外的附加荷载，这种附加荷载与车辆行驶速度、车辆参数及路面参数不同而不同；路面结构层采用基于黏弹性理论的伯格斯模型，地基部分采用弹塑性材料德鲁克-普拉格模型，半刚性基层采用线弹性模型，柔性基层与地基一并作为弹塑性材料处理；利用 MTS 对旋转压实成型圆柱体试件分别进行不同级配、不同温度、不同油石比条件下的沥青混合料蠕变恢复试验结果进行拟合分析，确定伯格斯模型参数；再依次确定轮载作用时间、代表温度和加载修正系数，最后采用动力有限元方法对沥青路面车辙预估进行数值计算与模拟，从而初步建立基于车辆动力作用的沥青路面车辙计算与预估方法。通过对试验路段进行车辙预估计算，该方法合理，并且预估精度较高。

随后，李丽民等[26] 建立了基于动力有限元法的车辙预估计算方法，该方法基于运动车辆与路面的耦合作用，提出了更加符合实际的汽车动载模型和轮载累加作用时间、代表温度和加载修正系数的计算方法及合理的材料模型参数，采用动力有限元法，建立了沥青路面车辙预估计算方法，并对某环道试验柔性路面和某高速公路半刚性基层沥青路面的车辙进行了预估计算，计算值和实测值基本吻合，表明该车辙顶估计算方法是可行的，并具有较高的计算精度。

在此期间，采用理论方法的预估模型则考虑了沥青混合料塑性或损伤的影响，主要成果有彭妙娟和许志鸿[5,27,28] 利用非线性黏弹性理论和弹塑性有限变形理论，建立了新的沥青路面车辙分析的非线性黏弹-弹塑性本构模型。该模型由非线性的广义的麦克斯韦流变模型串联一个弹塑性模型组成，从蠕变的角度推导了一维和三维广义的麦克斯韦模型线性和非线性黏弹性体本构方程，并用非线性有限单元法对 4 种沥青混合料的车辙深度进行了计算，并与 SHPR 的有限元结果以及 SWK/UK 的试验结果进行了比较，说明了该非线性黏弹性-弹塑性模型的有效性，并且该模型能够体现沥青混合料的非线性弹性、塑性、黏弹性、非线性黏弹性对沥青路面车辙的影响，该模型还可以考虑轮迹边缘的隆起和两轮胎之间的隆起。

张久鹏等[29] 对伯格斯模型中的串联黏壶进行了改进，并将改进模型看成是由三单元 Van Der Poel 模型与黏塑性元件串联组成，同时引入应变硬化变量和损伤软化变量，建立了基于应变硬化理论的沥青混合料永久变形的弹黏塑性损伤力学模型。根据室内 SMA-13 和 AC-13 两种沥青混合料的重复荷载永久变形试验结果，运用最小二乘法原理，得到了弹黏塑性损伤力学模型的相关参数，并对该模型进行了验证。结果表明，该模型可以全面、统一地描述沥青混合料永久变形的三阶段特性。

（3）第三阶段（2011 年至今）

随着我国经济的快速发展，高速公路路网逐渐向西部山区延伸，不可避免地出现长大陡坡现象，加上我国公路车辆超载严重，大量的调查结果显示，长大陡坡上坡路段沥青路面的车辙病害尤为严重，调查结果表明：长大上坡路段沥青路面的车辙深度是平坡路段的 2～3 倍。这已经引起研究人员的关注，并就此有针对性地开展沥青混合料专项配合比设计和路面组合形式等方面的研究来减少路面车辙病害的发生。

吴浩[30] 分别从现场调查、室内试验和数值模拟等多方面综合分析论证了长大陡坡路段重载车慢速行驶与路面车辙之间的关系，发现行驶速度低于 20km/h 的车辆对路面的车辙产生重要影响；分析了多轴重载、夏季轮胎参数异化等复杂荷载工况下沥青路面的力学响应，探讨超载和重载对路面结构的影响，研究长大陡坡路段车辙整体分布规律；并且基于现场调查和数值模拟，研究路面结构层中剪应力和蠕变应变的变化规律，发现路表下 6～9cm 处剪应力和蠕变应变较大，在此基础上，提出了减少路面车辙的具体措施。

李江[31] 提出了以满载货车车速为界定指标定义长大上坡路段，当满载货车车速为 30～40km/h 及以下时的路段为长大上坡路段；依据 MMLS3 加速加载和汉堡车辙试验结果提出了长大上坡路段沥青面层不同层位适宜的沥青胶结料和混合料类型；针对夏季高温地区提出了长大上坡路段沥青混合料车辙试验的温度和荷载条件，推荐了适用于长大上坡路段的沥青路面合理结构形式。

徐暘[32] 分别对长大上坡路段沥青路面车辙的形成机理进行了深入分析并提出了综合考虑温度、荷载和行车速度的沥青路面车辙分析方法；针对现有车辙仪缺陷，改进了现有的车辙试验机，改进车辙试验机能够调整试验胶轮的荷载、试验胶轮的轮碾速度、车辙试件的厚度、环境温度梯度等参数，利用该试验机进行了沥青混合料车辙试验和沥青面层结构的全厚式车辙试验；提出了按照单层沥青路面沥青混合料动稳定度和沥青路面整体结构的动稳定度控制标准进行检验，当两者均能满足要求才能判断为合格的“双控方法”，并得出弱化表面层沥青混合料抗车辙能力而增强中面层沥青混合料能力的方法可以改善面层结构的整体抗车辙性能。

惠冰[33] 基于道路结构性与功能性两方面考虑，根据车辙破坏对道路结构层位以及车辙形态对车辆行驶造成的影响，构建多维度评价指标体系，并提出了相应的指标范围和评价等级，采用灰色聚类评估结合层次分析法，建立了车辙多维度指标评价模型。

蔡旭[34] 利用华南理工大学独立设计开发的主驱动轮式路面材料加速加载系统（Driving Wheel Pavement Analyzer，DWPA）建立了 DWPA 车辙试验评价标准，基于室内车辙试验与实测路面车辙数据建立了沥青路面车辙深度预估模型。

1.4 分数阶导数理论应用概述

1.4.1 国外研究概况

20 世纪初，Nutting[35] 从试验中观察到橡胶的应力松弛函数可以用幂函数近似模拟。Gemant[36] 从试验中得知一些材料的性能与频率的分数次幂有关，逐步将分数微积分理论引入到黏弹性材料的本构关系。

同时，著名数学家 Rabotnov[37] 自 20 世纪 40 年代以来通过大量试验研究，发现了聚合物、合成橡胶、玻璃纤维等材料的本构关系能够用分数微积分理论来研究，并且在对具有弱奇核遗传效应固体力学介绍时也表示需要用分数微积分理论。另外，在早期的研究工作中，Gaputo[38]、Mainardi 等[39,40] 将分数微积分理论用于有关地震、冶金等方面。时至今日，分数微积分理论在黏弹性理论中的应用已经有了长足的进步，Bagely 和 Tovrik[41-43] 从 1985 开始，分别对分数阶导数的分数阶算法、橡胶力学特性拟合、三维线性黏弹性本构模型、黏弹性梁模型瞬态分析都做了深入详细的研究，用大量的试验说明有许多聚合物材料如合成橡胶、玻璃陶瓷等材料的应力松弛和蠕变能用分数导数型本构关系进行较理想的描述。

Koeller[44,45] 给出了最简单的分数阶导数本构方程弹壶的应力应变关系为

$$\sigma = E\tau^{\alpha} D^{\alpha}(\varepsilon) \tag{1.14}$$

式中 $D^{\alpha}(\varepsilon)$——黎曼-刘维尔分数阶导数算子，$D^{\alpha}(\varepsilon) = D^{\alpha}[f(t)] = \dfrac{1}{\Gamma(1-\alpha)} \dfrac{\mathrm{d}}{\mathrm{d}t}\displaystyle\int_0^t \dfrac{f(t-\tau)}{\tau^{\alpha}}\mathrm{d}\tau$；

E，τ——分别为剪切模量和松弛时间；

α——分数阶导数的阶次。

接下来，Nonnenmacher 和 Glöckle[46,47] 提出了分数阶导数 Zener 模型。Atanackovic[48] 研究了改进的分数阶 Zener 模型。Metzler 和 Nonnenmacher[49] 利用分数阶 Zener 模型研究了类黏弹性材料的松弛特性。Celauro 和 Fecarotti 等[50-52] 则利用分数阶导数模型对纯沥青及沥青混合料的蠕变特性进行了研究。

1.4.2 国内研究概况

在国内，张卫[53,54] 基于分数阶导数理论，建立了含分数阶导数黎曼-刘维尔算子的热黏弹性方程，研究结果表明，分数阶导数本构模型能够更加精确地描述黏弹性材料的力学性能，与试验结果吻合得更好。另外，还对黏弹性阻尼材料特性进行了详细的研究。Li 和 Jiang[55] 利用分数阶导数麦克斯韦本构模型对非线性黏弹性体进行了描述。朱正佑、李根国等[56] 基于分数阶导数理论，利用黏弹性材料和三维分数阶导数型黏弹性本构关系构建了铁摩辛柯黏弹性梁静态动力学行为的数学模型，分析了铁摩辛柯梁在阶跃函数荷载作用下的力学行为，得到了该方程的解析

解，考察了黏弹性材料参数对铁摩辛柯梁的挠度的影响，基于模态函数讨论了黏弹性铁摩辛柯梁在横向简谐激励作用下的动力响应，并考察了剪切和转动惯性对梁振动响应的影响。最后得出以下结论：新构建了分数导数型黏弹性材料的本构关系，当参数 $\alpha=1$ 时，材料为标准线性固体材料；当参数 $\alpha=0$ 时，材料为弹性材料，分数导数模型参数 α 表示黏弹性梁的黏弹性力学行为；分析了泊松比的变化对梁的力学行为的影响，认为泊松比值的变化对梁的行为影响很小。因此，为了研究问题方便，我们可以近似认为材料的泊松比为常数；分析了黏弹性铁摩辛柯梁的剪切效应和转动惯性的影响与梁的细长比 h/L 有关，当 h/L 比较大时，在静、动态情况下剪切效应都十分明显。在动态情况下，单独考虑转动惯性的影响，得到与剪切效应相同的结果，但两者同时考虑时，无论 h/L 的大小，转动惯性的影响甚微。

柴键等[57] 基于分数阶导数理论，对高分子黏弹性阻尼器减震机理进行了深入分析，同时，建立分数阶导数模型静态特性模型，并推导得出了矩形截面黏弹性阻尼器动态刚度与阻尼的相关公式，并基于 BEAM 法对黏弹性阻尼器进行了验证试验，结果表明计算结果与试验结果较为吻合。

黄军旗等[58] 基于分数阶导数理论，构建了二阶分数阶导数流体本构方程，并计算得到了 1/2 阶导数条件下的方程的解析解。使用 Curmp 方法分析这种环管旋转流动中流体的特性，研究发现，黏弹性特征明显的流体其速度和应力与分数阶导数的阶数具有很大的相关性，新构建的分数阶导数流体本构模型可以用于流体测试，并且具有一定的可靠性。

同期，刘林超等也在分数阶导数理论方面做了大量的研究工作[59-67]。

刘林超和张卫[59] 基于分数阶导数理论，对开尔文-沃伊特 3 参数分数阶模型的储能柔量、耗散柔量、耗散率、内摩擦角等参数与动态力学参数之间的相关关系，并对其规律进行了详细分析。

分数阶导数开尔文-沃伊特本构方程的储能柔量 $G_1(\omega)$ 为

$$G_1(\omega)=\frac{E_0+E_1\omega^{p/q}\cos\dfrac{p\pi}{2q}}{E_0^2+2E_0E_1\omega^{p/q}\cos\dfrac{p\pi}{2q}+E_1^2\omega^{2p/q}} \tag{1.15}$$

耗散柔量的计算式为

$$G_2(\omega)=\frac{E_1\omega^{p/q}\sin\dfrac{p\pi}{2q}}{E_0^2+2E_0E_1\omega^{p/q}\cos\dfrac{p\pi}{2q}+E_1^2\omega^{2p/q}} \tag{1.16}$$

耗散率的计算式为

$$D=-\frac{1}{2}\sigma_0^2\omega G_2(\omega)=\frac{\sigma_0^2E_1\omega^{(p+q)/q}\sin\dfrac{p\pi}{2q}}{2\left(E_0^2+2E_0E_1\omega^{p/q}\cos\dfrac{p\pi}{2q}+E_1^2\omega^{2p/q}\right)} \tag{1.17}$$

内摩擦角的计算式为

$$\tan\delta=-\frac{G_2}{G_1}=-\frac{E_1\omega^{p/q}\sin\dfrac{p\pi}{2q}}{E_0^2+E_1\omega^{p/q}\cos\dfrac{p\pi}{2q}} \tag{1.18}$$

以上各式中，$\alpha=\dfrac{p}{q}$；p、q 为正实数且互质；$i^{p/q}=\cos\dfrac{p\pi}{2q}+i\sin\dfrac{p\pi}{2q}$。

当角频率接近零时，材料的 $G_1(\omega)$ 趋于常数，材料的 D 趋于零，材料则主要表现出弹性固体材料的性质；当 $0<\alpha<1$ 时，$G_1(\omega)$、$G_2(\omega)$、D、$\tan\delta$ 等参数随着 ω 逐渐变化，耗散率 D 趋向于无限大，材料表现出黏弹性黏性流体的性质。随着 α 的变化，材料的 $G_1(\omega)$、$G_2(\omega)$ 和 D 随着 α 的变化出现峰值，其峰值的大小与 α 相关。因此，黏弹性材料的阻尼等动态力学特性不仅与 ω 相关，还与分数阶导数的阶数 α 的变化有关，分数阶导数本构模型能够更加精确地描述材料的黏弹性材料的黏弹性质，而且能够在更宽的频域范围内描述黏弹性材料的力学性能。

刘林超等[59] 针对软土具有压缩比高、强度低、流变特性明显等特点，在长时间荷载条件下显示出黏弹性材料的蠕变特性，构建了分数阶导数开尔文固体模型，其本构方程为

$$\sigma(t)=G\varepsilon(t)+\eta D^{\alpha}\varepsilon(t) \tag{1.19}$$

式中　G，η——黏弹性材料参数；

D^{α}——黎曼-刘维尔微分算子。

利用拉普拉斯变换及傅里叶变化，得到分数阶导数开尔文固体模型的松弛模量为

$$Y(t)=q_0\left[1+\frac{1}{\Gamma(1-r)}\left(\frac{t}{\tau}\right)^{-r}\right]\quad t>0,\tau=\frac{q_1}{q_0} \tag{1.20}$$

开尔文模型的松弛模量为

$$Y(t)=q_0+q_1\delta(t) \tag{1.21}$$

式中　$\delta(t)$——单位脉冲函数。

利用上述两模型对软土蠕变试验结果进行拟合分析，发现分数阶导数开尔文模型和开尔文模型均能描述软土的蠕变特性，但是分数阶导数开尔文模型能够在更宽的频域范围内更加精确地描述软土的蠕变特性。

刘林超等[60-65] 基于多孔介质理论，对在饱和土中桩基的纵向耦合振动问题进行了深入研究，同时考虑土体的黏弹性性质，基于分数导数理论，利用分数阶导数本构模型来描述饱和土固相土骨架的应力-应变关系，建立分数导数模型描述的饱和土的控制方程，并分析了分数阶导数控制方程中模型参数对桩的竖向振动的影响。

刘林超等[66,67] 基于分数阶导数理论，构建三位分数阶导数开尔文黏弹性本构关系，并构建了分数阶导数单桩竖向振动微分方程，研究了黏弹性土体参数对桩顶复刚度实部、虚部和桩顶导纳的影响。结果表明，黏性系数对桩顶复刚度的虚部影响较小，对桩顶复刚度的实部和桩顶导纳影响较大。

建立了基于三维积分型本构方程的单桩在黏弹性土体的竖向振动微分方程。利用三维分数导数开尔文黏弹性本构关系描述土体的应力应变关系，考虑分数导数和卷积的傅里叶变换性质，利用势函数和分离变量法在频域内求解了分数导数黏弹性

土层的竖向振动。

另外，詹小丽等[68] 针对广义麦克斯韦模型的缺陷，基于分数阶导数理论，对分数阶麦克斯韦模型的本构方程进行了推导，得到其本构关系，利用分数阶导数模型对改性沥青的动态黏弹性能进行了拟合分析。结果表明，分数阶导数麦克斯韦模型能够在较宽的频域范围内描述改性沥青等材料的力学性能，且确定模型参数少而简单，得到的参数也具有一定的物理意义。

银花等[69] 基于分数阶微积分理论，引入分数阶导数型黏弹性模型描述沥青混合料的动态特性，构建了分数阶导数开尔文模型、麦克斯韦模型、三元件固体模型本构关系。利用超级路面简单性能试验机对试验路段的各路面结构层沥青混合料的动态模量进行了相关试验，试件由旋转压实仪制备而成，直径和高分别为 150mm 和 170mm，然后使用取芯机取芯并用切割机切掉两端多余部分，最终制备出直径和高分别为 100mm 和 150mm 的试件，再对试件进行不同温度（分别为 15℃、40℃和 60℃）、不同频率（0.5Hz、1Hz、2Hz、5Hz、10Hz、20Hz、25Hz）条件下的沥青混合料动态模量和相位角的试验。利用经典开尔文模型、经典麦克斯韦模型、经典三元件固体模型和分数阶导数三元件固体模型本构关系对上述试验结果进行拟合分析，结果表明：经典开尔文模型和经典麦克斯韦模型均不能描述沥青混合料的动态模量，在描述沥青混合料的动态模量方面，经典三元件固体模型本构模型较经典开尔文模型和经典麦克斯韦模型较好，但是在描述沥青混合料的损耗因子参数时则较差，而分数阶导数三元件固体模型不仅能够较好地拟合沥青混合料的存储模量和损耗模量，还能很好地描述沥青混合料的动态模量和损耗因子。同时，分数阶导数黏弹性本构方程中的用来描述黏弹性材料的模型参数较少，还具有一定的物理意义，能够反映材料的黏弹性性能，能够更加真实全面地反映材料的力学特性，描述材料的力学行为。

由分数阶导数理论及应用研究现状可知，分数阶导数理论由于自身具有传统力学模型不可比拟的优势而在基础研究和工程应用领域得到了广泛的应用，其是解决复杂力学问题建模的有力工具。因此，利用其对沥青混合料三级分散体系的力学特性进行系统深入研究，建立基于分数阶导数理论的应力应变关系，为更加准确描述沥青混合料的力学行为及车辙变形预估提供一种新的方法及思路。

1.5　本书主要内容及结构框架

当前，车辙病害已成为我国沥青路面主要的早期病害之一，是导致路面早期维修的重要因素之一。车辙的出现还会影响行车的舒适性和安全性。因此，车辙问题一直是科研工作者研究的热点。由于影响车辙的因素较多并且相互影响，如何解决沥青路面出现车辙病害也是科研工作者的难点。本书基于沥青混合料力学行为理论研究及实际工程需求，结合分数阶导数理论在描述材料复杂条件下力学行为的优势，分别在以下几个方面进行了研究，为沥青路面车辙预估模型的建立、预测及减少车辙病害的发生提供理论技术支持。

① 基于黎曼-刘维尔分数阶微分算子，分别构建了分数阶导数麦克斯韦模型、分数阶导数开尔文和分数阶导数五元件流变模型，并利用分数阶导数五元件流变模型对不同应力水平条件下的软土蠕变变形特性进行了研究。

② 利用高速剪切乳化机制备了不同粉胶比的沥青胶浆，通过动态剪切流变试验和低温弯曲梁流变试验，基于分数阶导数理论研究沥青胶浆的动态力学特性和低温流变性能。

③ 针对沥青砂的蠕变恢复特性，通过 AS-13 和 AS-20 沥青砂在不同温度及应力条件下的单轴静载蠕变恢复试验，基于分数阶导数理论，构建一种新的改进分数阶导数幂函数经验蠕变本构模型。

④ 针对沥青混合料单轴静载蠕变变形特性，基于分数阶导数理论建立考虑应力水平和温度水平的经验蠕变本构模型；针对沥青混合料高温抗剪性能指标试验方法的不足，对现有单轴贯入试验压头进行局部改造，进行系列性变形强度试验，研究变形强度与抗压强度、抗压回弹模量及动稳定之间的相关关系，探讨变形强度作为沥青混合料高温抗剪性能评价指标的可行性。

⑤ 基于 ABAQUS 提供的用户材料子程序二次开发功能，编写新构建的分数阶导数沥青混合料经验蠕变本构模型子程序，并对沥青混合料单轴静载压缩蠕变试

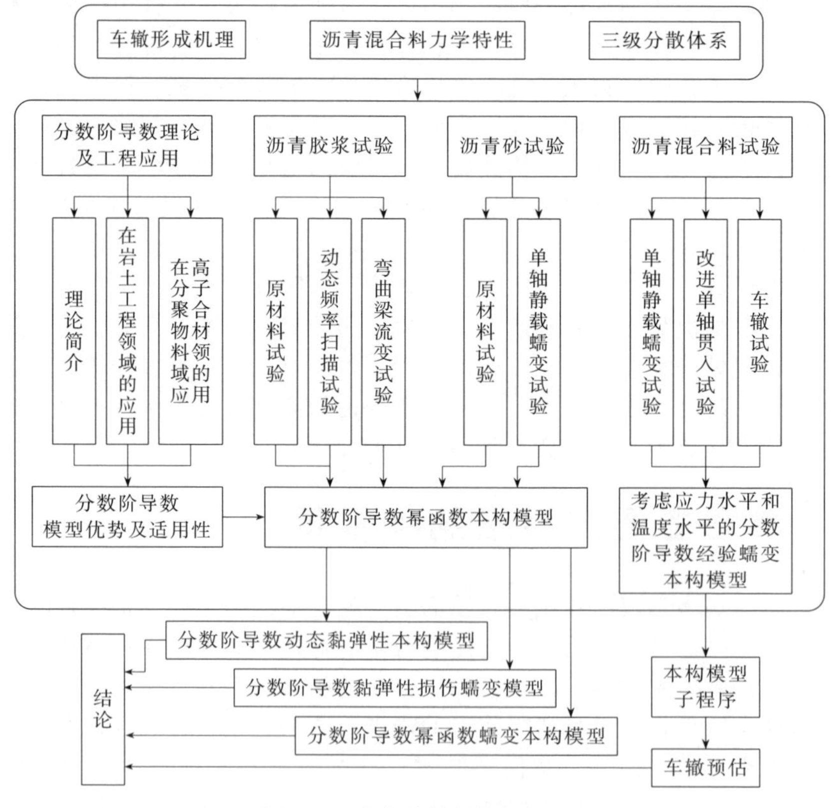

图 1.7　本书总体结构框架图

验和沥青混合料车辙试验进行数值模拟分析，进而实现沥青混合料在循环动态荷载作用下的车辙变形预估。

本书的总体结构框架如图 1.7 所示。

本章参考文献

[1] 樱子.《国家公路网规划（2013 年-2030 年）》出炉［J］. 中国勘察设计，2013，07：26.

[2] Judycki J. Non-linear viscoelastic behaviour of conventional and modified asphaltic concrete under creep［J］. Mater Struct，1992，25：95-101.

[3] Sousa J B，Weissman S L，Deacon J A，et al. Permanent deformation response of asphalt aggregate mixes. Technical Report：Strategic Highway Research Program（SHRP），SHRP-A-415. Washington D. C.：Institute of Transportation Studies of University of California，Berkeley，1994.

[4] Erkens S M J G，Liu X，Scarpas A. 3D finite model for asphalt concrete response simulation［J］. Int J Geomech，2002，2（3）：305-330.

[5] 彭妙娟，许志鸿. 沥青路面车辙预估方法［J］. 同济大学学报，2004，32（11）：1457-1460.

[6] 许志鸿，郭大智，吴晋伟，等. 沥青路面车辙的理论计算［J］. 中国公路学报，1990，3（3）：27-36.

[7] 徐世法，朱照宏. 高等级道路沥青路面车辙的预估方法［J］. 土木工程学报，1993，26（6）：28-36.

[8] 叶永. 沥青混合料粘弹塑性本构模型的实验研究［D］. 武汉：华中科技大学，2009.

[9] 李晓军，江丽华. 沥青砂浆粘弹特性试验与模型参数分析［J］. 武汉理工大学学报，2011，33（3）：82-86.

[10] 曾国伟，杨新华，白凡，等. 沥青砂粘弹塑蠕变损伤本构模型实验研究［J］. 工程力学，2013，30（4）：249-253.

[11] J. E. Fitzgerald，J. Vakili. Nonlinear characterization of sand-asphalt concrete by means of permanent-memory norms［J］. Experimental Mechanics，11：504-510.

[12] Wijerathe A，Sargious M. Prediction of rutting in virgin and recycled asphalt mixtures for pavement using triaxial test［J］. Proceedings of the Association of Asphalt Paving Technologist（AAPT），1987，56：111-121.

[13] Archilla A R，Medanat S. Development of asphalt pavement rutting mold from experimental data［A］. 79th Annual TBR Meeting［C］. Washington D. C.：National Research Council，2000.

[14] 陈凤晨. 基于光纤光栅技术的沥青路面车辙预估方法研究［D］. 哈尔滨：哈尔滨工业大学，2009.

[15] Kenis W J. Predictive design procedures. VESYS users manual［R］. 1977.

[16] Sousa J B，Weissman S，Sackman J，et al. A nonlinear elastic viscous with damage model to predict permanent deformation of asphalt concrete mixtures［J］. Transportation Research Record，1384，Transportation Research Board，Washington，D. C.，80-93.

[17] Oeser M，Moller B. 3D constitutive model for asphalt pavements［J］. International Journal of Pavement Engineering，2004（5）：153-161.

[18] Dessouky S. Multiscale approach for modeling hot mix asphalt［D］. Texas：Texas A&M University，2005.

[19] Chien-wei Huang. Development and numerical implementaion of nonlinear viscoelastic-viscoplastic model for asphalt materials［D］. Texas：Texas A&M University，2008.

[20] AASHTO. AASHTO 2002 Guide for Design of Pavement Structures［M］. Washington D. C.：AASHTO，1993.

[21] 俞建荣，李一鸣. 轮辙试验的车辙预估模型探讨［J］. 中国公路学报，1992，5（3）：22-27.

[22] 张登良，李俊. 高等级沥青路面车辙研究［J］. 中国公路学报，1995，8（1）：23-29.

[23] 张洪信，陈秉聪，张铁柱，等. 沥青路面粘弹塑性有限元法［J］. 青岛大学学报：自然科学版，2002，15（2）：38-41.

[24] 王海君，李静．道路车辙的有限元分析［J］．中外公路，2003，23（6）：59-62.

[25] 何兆益，雷婷，王国清，等．基于动力问题的高等级公路沥青路面车辙预估方法［J］．土木工程学报，2007，40（3）：104-108.

[26] 李丽民，何兆益，张国祥，等．基于动力有限元法的车辙预估计算方法及其应用［J］．振动与冲击，2010，29（11）：143-146.

[27] 彭妙娟、徐志鸿．沥青路面永久变形的非线性本构模型研究［J］．中国科学G辑（物理学、力学天文学），2006，36（4）：415-426.

[28] 彭妙娟，许志鸿．沥青路面永久变形的非线性粘弹-弹塑性本构模型［J］．交通运输工程学报，2007，7（5）：41-47.

[29] 张久鹏，黄晓明．沥青混合料永久变形的弹黏塑-损伤力学模型［J］．东南大学学报：自然科学版，2010，40（1）：185-189.

[30] 吴浩．陡长上坡路段沥青路面车辙的形成机理与防治对策研究［D］．西安：长安大学，2010.

[31] 李江．长大上坡路段沥青路面抗车辙技术研究［D］．西安：长安大学，2014.

[32] 徐暘．基于行车安全的沥青路面车辙研究［D］．长沙：中南大学，2011.

[33] 惠冰．沥青路面车辙破坏模式识别、多维度指标评价与预测研究［D]．西安：长安大学，2013.

[34] 蔡旭．沥青路面抗车辙性能评价及结构优化［D］．广州：华南理工大学，2013.

[35] Nutting P G. A new generalized law deformation [J] . Franklin Institue，1921，191：675-685.

[36] Gemant A. On fractional differences [J] . Philosophical Magazine，1938，25：92-96.

[37] Rabotnov Y N. Elements of hereditary solid mechanics [M] . Moscow：Mir Publishers，1980.

[38] Gaputo M. Linear models of dissipation whose Q is almost frequency indepedent [J] . Annalidi Geofisica，1966，19：383-393.

[39] Gaputo M，Mainardi F. A new dissipation model based on memory mechanism [J] . Pure and Applied GeoPhysics，1971，91：134-147.

[40] Gaputo M. Mainardi F. Linear models of dissipation in an elastic solids [J] . Rivista del Nuoro Cimento，1971，1（2）：161-198.

[41] Bagley R L，Torvik P J. A theoretical basis for the application of fractional calculus to viscoelasticity [J]. J. Rheol，1983，27（3）：201-210.

[42] Bagley R L，Power law and fractional calculus model of viscoelasticity [J] . AIAA，1989，27（10）：1412-1417.

[43] Bagley R L，Torvik P J. On the fractional calculus model of visco elasticity behavior [J] . J. Rheol，1986，30：133-155.

[44] Koller R C，Polynomial Operators. Stielties convolvation and fractional calculus in hereditary mechanics [J] . ACTA Mechanics，1986，Vol. 58：251-264.

[45] Koller R C. Application of fractional calculus to the theory of viscoelasticity，Transaction of the ASME [J] . Applied Mechanics，1984，51（2）：299-307.

[46] Nonnenmacher T F，Glöckle W G. A fractional model for mechanical stress relaxation [J]. Philos. Mag. Lett.，1991，64（2）：89-93.

[47] Nonnenmacher T F，Metzler R. On the Riemann-Liouville fractional calculus and some recent applications [J] . Fractals，1995，3（3）：557-566.

[48] Atanackovic T M. A modified zener model of a viscoelastic body. Continuum Mech [J] . Thermodyn，2002，14：137-148.

[49] Metzler R，Nonnenmacher T F. Fractional relaxation processes and fractional rheological models for the description of a class of viscoelastic materials [J] . Int. J. Plast.，2003，19：941-959.

[50] Celauro C，Di Paola M，Lo Presti D，et al. Modeling of the viscoelastic behavior of paving bitumen fractional derivatives [J] . Meccanica dei Materiali e delle Strutture，2009，1（2）：38-51.

[51] Celauro C，Fecarotti C，Pirrotta A，et al. Experimental validation of a fractional model for creep/recov-

ery testing of asphalt mixtures [J] . Construction and Building Materials, 2012, 36: 458-466.

[52] Fecarotti C, Celauro C, Pirrotta A. Linear viscoelastic (LVE) behaviour of pure bitumen via fractionla model [J] . Procedia-Social and Behavioral Scicences, 2012, 53: 450-461.

[53] Shimizu Nobuyuki, Zhang Wei. Fractional calculus approach to dynamic problem of viscoelastic materials [J] . JSME International Journal, 1999, 42 (1): 827-830.

[54] Zhang Wei, Shimizu Nobuyuki, HuaXu. Thermal effects of the viscoelastic materials described by fractional calculus constructive law [C] . In: Iwaki, Japan. The FIRST Asian conference on Multibody dynamics, 2002, 02-08.

[55] Li J, Jiang T Q. Constitutive equation for viscoelastic via fractional derivative in advances in structure and heterogen continua [M] . New York: Allerton press inc. 1994, 187-193.

[56] 朱正佑，李根国．具有分数导数本构关系的 Timoshenko 梁的静动力学行为分析 [J] ．应用数学和力学，2002，23 (1)：1-10.

[57] 柴键．粘弹性阻尼器动态特性研究 [J] ．甘肃工业大学学报，1995，21 (1)：42-46.

[58] 黄军旗，于群．双管流变仪中广义二阶流体运动分析 [J] ．中国科学，1996，26 (10)：912-920.

[59] 刘林超，张卫．分数导数型黏弹性材料的一些阻尼特性 [J] ．暨南大学学报：自然科学版，2004，25 (5)：527-532.

[60] 刘林超，闰启方，孙海忠．软土流变特性的模型研究 [J] ．岩土力学，2006，27 (增刊)：214-217.

[61] 刘林超，杨骁．基于多孔介质理论的饱和土-桩纵向耦合振动研究 [J] ．土木工程学报，2009，42 (9)：89-95.

[62] 闫启方，刘林超．基于多孔介质理论的饱和土中单桩的扭转复刚度研究 [J] ．岩土工程学报，2010，32 (9)：1460-1463.

[63] 刘林超，杨骁．分数导数模型描述的饱和土桩纵向振动分析 [J] ．岩土力学，2011，32 (2)：526-532.

[64] 刘林超，闫启方．饱和土中管桩的纵向振动特性 [J] ．水利学报，2011，42 (3)：366-378.

[65] 刘林超，杨骁．地震作用下饱和土-桩-上部结构动力相互作用研究 [J] ．岩土力学，2012，33 (1)：120-128.

[66] 刘林超，姚庆钊，闫启方，等．基于积分型分数导数本构方程的黏弹性土层中单桩的竖向复刚度与导纳研究 [J] ．水利学报，2012，43 (7)：796-802.

[67] 闫启方，刘林超．考虑波动效应的 SH 简谐地震波作用下单桩水平振动研究 [J] ．岩土工程学报，2012，34 (8)：1483-1487.

[68] 詹小丽，张肖宁，王端宜，等．改性沥青非线性粘弹性本构关系研究及应用 [J] ．工程力学，2009，26 (4)：187-191.

[69] 银花，王大明，赵尘，等．沥青混合料分数导数粘弹性本构关系研究 [J] ．森林工程，2010，2：77-81.

第2章 ▶▶

黏弹性理论及石油沥青黏性流变性质

2.1 黏弹性及黏弹性力学

2.1.1 黏弹性

材料的最基本力学性质是弹性固体和黏性流体。弹性固体是能够产生可逆的弹性变形的固体，在外力作用下，物体的形状和尺寸发生变化，外力去除后，物体的变形能够完全恢复。黏性流体是指流体质点间可流层间因相对运动而产生摩擦力而反抗相对运动的性质，黏性流体没有固定的形状，其形状取决于容器。

从能量的角度来分析，在外力作用下，弹性体的外力所做的功全部以弹性势能方式储存，卸载后，弹性能被完全释放出来。而黏性流体在外力作用下发生与时间相关的流动，并且这种流动不可逆。

实际上，所有的固体均会发生一定的不可恢复变形，也就是并不存在完全弹性的物质。在一定的条件下，生活中常见的橡胶、玻璃、金属、沥青、土壤等材料往往同时具有弹性固体和黏性流体两者的特性，物质的这种性质称为黏弹性，黏弹性是高聚物材料的重要力学特性之一。由服从胡克定律的理想弹性固体和服从牛顿流动定律的理想黏性流体组合而成的一类黏弹性，其应力-应变-速率本构方程为线性微分方程。线黏弹性体材料在荷载的作用下的应力和应变均与时间相关，但在任一时刻其应力与应变均呈线性关系。

材料的黏弹性性能与环境温度、荷载时间、荷载速率等因素相关，其中最重要的影响因素是温度和时间。沥青在高温条件下表现出明显的黏性流体性质，但是在低温条件下，其表现出更多的弹性固体的性质。

高分子聚合物分为结晶态高分子聚合物和非晶态聚合物。其中规则排列区域称为晶区，无序排列区域称为非晶区，晶区所占的百分比称为结晶度。通常结晶度在80%以上的聚合物称为结晶性聚合物，即结晶聚合物。根据聚合物与温度和时间之间的关系特性，非晶态高聚物在任何条件下都处于非晶态。非晶态聚合物的结构主要有以下几种力学状态：玻璃态、黏弹态、高弹态（橡胶态）和黏流态，这些状态由不同机理的流变行为构成，是描述非晶态聚合物力学性能的基础。由于对非晶态的研究比对晶态的难度大得多，因而目前我们还没有完全认知非晶态高聚物的物理及力学性质。

2.1.2 黏弹性力学

黏弹性力学又称黏弹性理论，是研究黏弹性材料的力学行为、本构关系及其破坏规律，以及黏弹性材料在外力和其他因素作用下的应力和应变情况的一门学科。黏弹性力学是连续介质力学的重要内容之一，也是固体力学的基础内容。黏弹性力学被广泛应用于高聚物工程、土木工程、航空航天工程、海洋工程、生物工程等领域，具有广阔的应用前景。

黏弹性力学主要包含以下两方面的基本内容：一是物质的黏弹性能的描述与本构关系；另外一部分是边值问题的建立及其求解。黏弹性理论着重从宏观上讨论物质的黏弹性能，表述黏弹性物体的力学行为与本构方程，有关材料组分与分子结构、微观机理等方面的内容一般不做讨论。

线性黏弹性材料的本构关系含微分型和积分型两大类，能够用服从胡克定律的弹性元件和服从牛顿黏性定律的黏性元件的不同组合表征线性黏弹性材料的特性。黏弹性力学中的几何方程和运动方程与弹性力学相同。求解方法与弹性力学类似，主要有位移法、应力法、半逆法等方法。

非线性黏弹性材料的力学行为比较复杂，并且本构理论种类繁多。常用的非线性黏弹性本构关系有重积分型、单积分型和幂律关系。其中单积分型本构关系形式简单，利于试验研究和表征材料函数，便于用来求解边值问题，因而得到广泛发展与应用。非线性黏弹性问题不易求解，本构关系的多样性导致不同的解法，除极少数简单问题外，一般只能作近似解或数值解。

为了便于对黏弹性材料进行研究，我们有必要对黏弹性材料做以下假设：黏弹性材料具有连续性、均匀性和各向同性等特性；黏弹性材料的变形大都限于小变形。

一般认为材料处于自然状态，即在外界因素作用之前，没有初应力和初变形。由于通常从时间为零起考虑黏弹性受外部作用，因此常把 $t=0$ 的应力和应变均认作为零；黏弹性材料没有初始变形和初始应力，也就是在时间为 0 时的应力和应变均为零。此外，在本构关系的研究中，一般不考虑材料老化的因素与影响[1-3]。

2.2 线性黏弹性本构理论

黏弹性材料的黏弹性力学行为分为线性黏弹性理论和非线性黏弹性理论，线性黏弹性主要是指黏弹性材料在应力荷载的作用下，应力或应变随着荷载成比例的增减。也就是说，当应力发生变化时，蠕变曲线的高度也成比例变化，即材料的应力-应变的比率只是时间的函数，因此，线性黏弹性体可以看成纯弹性元件和纯黏性元件的组合。这种假设大大简化了计算分析的过程并且降低了解决实际问题的难度。并且应用实践表明，对一般高聚物材料，在应力超过极限应力条件下、黏弹性材料处于小变形条件下以及小应变速率条件下的力学性能能够近似地用线性黏弹性理论进行分析及解释。

线性黏弹性理论的力学松弛行为是其整个历史上诸松弛过程的线性加和的结果。其蠕变是整个负荷历史的函数，对于蠕变过程，每个负荷对高聚物变形的贡献是独立的，总的蠕变是各个负荷产生的蠕变的线性加和，对于应力松弛过程，每个应变对应力松弛的贡献也是独立的，总应力等于历史上诸应变引起的应力松弛过程的线性加和。这就是著名的玻尔兹曼叠加原理（Boltzmann 叠加原理）。

线黏弹性材料的应力-应变-时间关系的数学表达式一般称为给定状态条件下的本构方程，本构方程不仅描述了黏弹性材料的输入与响应之间的关系，也揭示了黏弹性材料微观结构及环境条件对宏观力学性能的影响。黏弹性材料的本构方程主要有微分型和积分型两大类。

黏弹性材料介于线弹性与理想黏性之间，其本构关系可以用模型来描述和表示。以弹簧代表胡克弹性，以黏壶代表牛顿黏性流体，以弹簧和黏壶的不同组合代表一般黏弹性体[4-7]。

2.2.1 弹簧

材料受力之后，材料中的应力与应变（单位变形量）之间成线性关系。弹簧在外力作用下产生瞬时的弹性变形，并且在去掉荷载后能够完全恢复。如图 2.1 所示，其应力应变关系满足胡克定律：

σ σ

图 2.1 弹簧模型图

$$\sigma = E\varepsilon \tag{2.1}$$

式中 σ——拉（或压）应力；

ε——应变，即其单位伸长（或缩减）量；

E——材料的弹性模量。

把胡克定律推广应用于三向应力和应变状态，则可得到广义胡克定律。胡克定律为弹性力学的发展奠定了基础。

2.2.2 黏壶

描述理想黏性材料的元件即为黏性元件，也称为黏壶，如图 2.2 所示。黏壶内充满黏滞液体和一个可以移动的活塞，活塞在黏滞液体中的移动速度与其所受阻力成正比关系，反映了黏性介质内一点的应力 τ 与该点处应变速度率成正比关系，其应力应变关系服从牛顿黏性定律，即

σ σ

图 2.2 黏壶模型图

$$\tau = \eta\dot{\gamma} \tag{2.2}$$

即

$$\gamma = t\,\frac{\tau}{\eta} \tag{2.3}$$

式中 γ——剪应变；

t——荷载作用时间；

η——材料的黏滞系数。

黏壶的流变特性可用等应力和等应变作用下的准静态响应来说明。这里说的准静态是指突然施加于物体的荷载速率不激起动力响应。

在施加荷载并保持恒定应力 $\sigma=\sigma_0 H(t)$ 作用下，应变响应为

$$\varepsilon=\sigma_0 t/\eta \tag{2.4}$$

式中　$H(t)$——Heaviside（赫维赛德）函数，又称单位阶跃函数，其荷载与时间的关系如下式所示：

$$H(t)=\begin{cases}1 & t\geqslant 0\\0 & t\leqslant 0\end{cases} \tag{2.5}$$

在阶跃应变 $\sigma=\sigma_0 H(t)$ 的作用下，由式(2.4) 得应力响应 $\sigma(t)$ 为

$$\sigma(t)=\eta\varepsilon_0\delta(t) \tag{2.6}$$

式中　$\delta(t)$——单位脉冲函数。

弹性与黏性两基本原件可组成不同的黏弹性材料模型。最基本的模型为一个弹簧和一个阻尼器串联或并联而成，这就是麦克斯韦模型和开尔文模型。

2.2.3　麦克斯韦模型

麦克斯韦模型是由服从胡克定律的弹簧和服从牛顿流动定律的黏壶串联而成的力学模型，如图 2.3 所示。可以按照各点应力相等、应变相加的原理建立其本构方程，其表达式为

$$\varepsilon=\varepsilon_1+\varepsilon_2=\dot{\sigma}/E+\sigma/\eta \tag{2.7}$$

即

$$\dot{\varepsilon}=\dot{\sigma}/E+\sigma/\eta \tag{2.8}$$

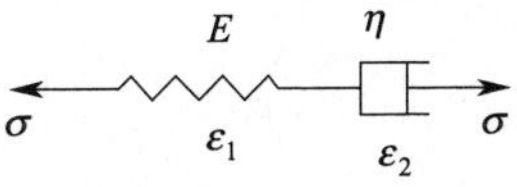

图 2.3　麦克斯韦模型图

由式(2.8) 可以分析黏弹性材料的蠕变、恢复及应力松弛等黏弹性能。

2.2.4　开尔文模型

开尔文模型由一个弹簧和黏壶并联而成，也称开尔文-沃伊特模型，如图 2.4 所示。它可以用来模拟交联高聚物的蠕变过程。当在模型施加荷载时，由于黏壶的存在，弹簧不能立刻被拉开，但是整个模型又随着黏壶一起慢慢被拉开。因此，形变是逐渐发展的。如果除去外力，由于弹簧的回复力，整个模型的形变也慢慢恢复，这与黏弹性材料的蠕变变形过程是一致的。开尔文模型两个元件的应变都等于模型的总应变，而模型的总应力为两元件应力之和，即开尔文模型的本构方程为

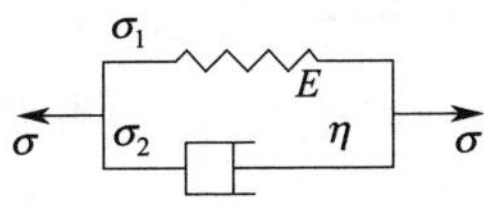

图 2.4　开尔文模型图

$$\sigma=E\varepsilon+\eta\dot{\varepsilon} \tag{2.9}$$

或

$$\sigma=q_0\varepsilon+q_1\dot{\varepsilon} \tag{2.10}$$

式中　q_0——弹簧弹性模量；

　　　q_1——黏壶的黏滞系数。

在恒定应力 σ_0 作用下，由式(2.9) 可得

$$\varepsilon(t)=Ce^{-t/\tau}+\sigma_0/E \tag{2.11}$$

式中　$\tau=\eta/E$。

在 $t=0$ 时刻，应变为 0，在 t 时刻，其蠕变为

$$\varepsilon(t)=\sigma_0/E(1-e^{-t/\tau}) \tag{2.12}$$

由式(2.12) 可以看出，开尔文模型的应变随着时间的增长而逐渐增大，当时间趋向于无穷大时，开尔文模型表征的材料更像弹性固体。

麦克斯韦模型和开尔文模型是描述黏弹性材料力学性能最基本的模型，能够近似描述部分黏弹性力学特性。但是这两种模型过于简单，麦克斯韦模型能够描述黏弹性材料在恒定应变下的应力松弛现象，但是不能描述黏弹性材料在恒定应力下的蠕变现象；而开尔文模型能够描述黏弹性材料的蠕变过程，但是却不能描述黏弹性材料的应力松弛现象。同时，两个基本模型反映的应力松弛或蠕变过程都只有一个含时间的指数函数，不便表述聚合物等材料较为复杂的流变过程。因此，为了更好地描述实际材料的黏弹性行为，常用更多基本元件组合而成的其他模型。

2.2.5　三元件固体模型

三元件固体模型又称为标准线性固体，它可以由一个弹簧和一个开尔文模型串联而成，如图 2.5 所示；也可由一个弹簧和一个麦克斯韦模型并联而成。在此，本书以前者为例进行计算说明。

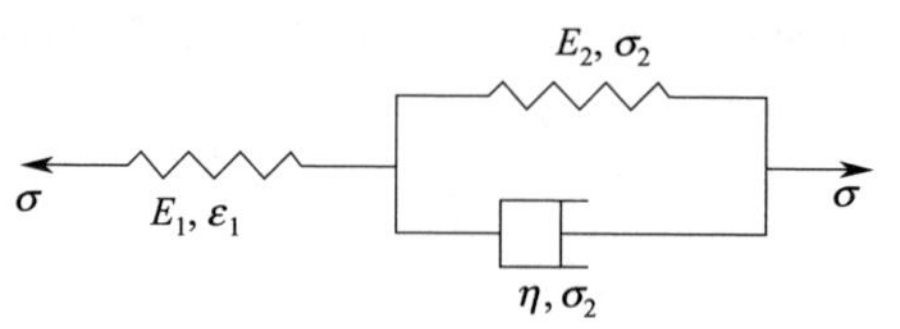

图 2.5　三元件固体模型

假设弹簧的应变为 ε_1，开尔文模型的应变为 ε_2，三元件固体模型的总应变 ε 为

$$\varepsilon=\varepsilon_1+\varepsilon_2 \tag{2.13}$$

$$\sigma=E_1\varepsilon_1 \tag{2.14}$$

$$\sigma=E_2\varepsilon_2+\eta\dot{\varepsilon}_2 \tag{2.15}$$

可以采用拉普拉斯变换与逆变换的方法来推导三元件固体模型的本构关系，用 s 表示拉普拉斯变换的变换参量，函数 $f(t)$ 的拉普拉斯变换定义为

$$\bar{f}(s)=\int_0^{+\infty} f(t)e^{-st}dt \tag{2.16}$$

对式(2.13) 和式(2.14) 分别进行拉普拉斯变换得

$$\bar{\varepsilon}=\bar{\varepsilon}_1+\bar{\varepsilon}_2 \tag{2.17}$$

$$\bar{\sigma}(s)=E_1\bar{\varepsilon}_1(s) \tag{2.18}$$

$$\bar{\sigma}=E_2\bar{\varepsilon}_2(s)+s\eta\bar{\varepsilon}_2(s) \tag{2.19}$$

将式(2.18) 及式(2.19) 计算得到的 $\bar{\varepsilon}_1$ 和 $\bar{\varepsilon}_2$ 代入到式(2.17) 中，然后进行拉普拉斯逆变换得

$$(E_1+E_2)\sigma+\eta\dot{\sigma}=E_1E_2\varepsilon+\eta E_1\dot{\varepsilon} \tag{2.20}$$

式(2.20) 可以进一步变换成

$$\sigma+p_1\dot{\sigma}=q_0\varepsilon+q_1\dot{\varepsilon}\quad q_1>p_1q_0 \tag{2.21}$$

式中，$p_1=\frac{\eta}{E_1+E_2}$，$q_0=\frac{E_1E_2}{E_1+E_2}$，$q_1=\frac{\eta E_2}{E_1+E_2}$。

(1) 蠕变

为了讨论模型的蠕变行为，考虑应力作用下的响应，将单位阶跃函数 $\sigma=\sigma_0 H(t)$ 代入式(2.21) 中并进行拉普拉斯变换得

$$\sigma_0\left(\frac{1}{s}+p_1\right)=(q_0+q_1 s)\bar{\varepsilon}(s) \tag{2.22}$$

因而

$$\bar{\varepsilon}(s)=\frac{\sigma_0}{q_1}\left[\frac{1}{s(s+q_0/q_1)}+\frac{p_1}{s+q_0/q_1}\right] \tag{2.23}$$

然后对式(2.23) 进行拉普拉斯逆变换得

$$\varepsilon=\frac{\sigma_0}{q_0}\left[1-\left(1-\frac{p_1q_0}{q_1}\right)\mathrm{e}^{-tq_0/q_1}\right] \tag{2.24}$$

由式(2.24) 可知，在 $t=0$ 时和 $t=\infty$时，三元件固体模型表现出瞬时弹性［式(2.25)］和稳态的渐进值［式(2.26)］：

$$\varepsilon(0^+)=\frac{\sigma_0}{E_0} \tag{2.25}$$

$$\varepsilon(\infty)=\frac{E_1+E_2}{E_1E_2}\sigma_0=\frac{\sigma_0}{E_\infty} \tag{2.26}$$

(2) 应力松弛

为了能够分析黏弹性材料的应力松弛，$\varepsilon(t)=\varepsilon_0 H(t)$代入式(2.21) 进行拉普拉斯变换，有

$$\bar{\sigma}(s)+p_1 s\bar{\sigma}(s)=\left(\frac{q_0}{s}+q_1\right)\varepsilon_0 \tag{2.27}$$

由式(2.27) 可知

$$\bar{\sigma}(s)=\frac{q_0\varepsilon_0}{s(1+p_1s)}+\frac{q_1\varepsilon_0}{1+p_1s} \tag{2.28}$$

再进行拉普拉斯逆变换，可以得

$$\sigma(t)=\frac{E_2\varepsilon_0}{E_1+E_2}(E_1+E_2\mathrm{e}^{-\frac{E_1+E_2}{\eta}t}) \tag{2.29}$$

由式(2.29) 可知，在 $t=0^+$ 时，$\sigma(t^+)=E_2\varepsilon_0$ 表示弹簧瞬时应力；当 $t\to\infty$ 时，$\sigma(\infty)=E_\infty\varepsilon_0$ 为稳态应力，说明该模型并不能完全松弛。

由一个弹簧和一个麦克斯韦模型并联而成的三参量固体模型，其本构方程仍然与式(2.21) 相同，只不过由其元件的具体参量表示的模型参数有所差别。

类似的，由一个开尔文模型和一个阻尼器串联，或由一个麦克斯韦模型和一个阻尼器并联，也可以组成三参量流体模型，按照同样的方法能够导出其本构关系。

2.2.6 广义麦克斯韦模型和广义开尔文模型

由多个麦克斯韦单元并联在一起，每个麦克斯韦单元包含一个弹性模量的弹性应变弹簧和一个黏性应变黏壶，广义麦克斯韦模型可以直观地反映出材料的应力松弛规律，但是无法通过试验直接确定表达式中材料所需要的麦克斯韦单元个数及各弹性单元和黏性单元的参数。

广义开尔文模型由一个麦克斯韦模型和任意个开尔文体串联组成，其能够描述黏弹性材料的流变性质，其本构方程的推导与前述模型类似。

2.2.7 伯格斯模型

把麦克斯韦单元和开尔文单元串联在一起组成一种四参量模型，通常称之为伯格斯模型，伯格斯模型的本构方程为

$$\sigma+p_1\dot{\sigma}+p_2\ddot{\sigma}=q_1\dot{\varepsilon}+q_2\ddot{\varepsilon} \tag{2.30}$$

式中，$p_1=\dfrac{\eta_1 E_1+\eta_1 E_2+\eta_2 E_1}{E_1 E_2}$；$p_2=\dfrac{\eta_1\eta_2}{E_1 E_2}$；$q_1=\eta_1$；$q_2=\dfrac{\eta_1\eta_2}{E_2}$。其中，$p_1 q_1>q_2$；$p_1^2>4p_2$；$p_1 q_1 q_2>p_2 q_1^2+q_2^2$。

(1) 蠕变

将$\sigma(t)=\sigma_0 H(t)$代入式(2.30) 进行拉普拉斯变换，有

$$\sigma_0/s+p_1\sigma_0+p_2 s\sigma_0=q_1 s\bar{\varepsilon}(s)+q_2 s^2\bar{\varepsilon}(s) \tag{2.31}$$

由式(2.31) 可以计算得到

$$\bar{\varepsilon}(s)=\sigma_0\left[\frac{1}{s^2(q_1+q_2 s)}+\frac{p_1}{s(q_1+q_2 s)}+\frac{p_2}{q_1+q_2 s}\right] \tag{2.32}$$

对式(2.32) 进行拉普拉斯逆变换可得

$$\varepsilon(t)=\sigma_0\left[\frac{p_1 q_1-q_2}{q_1^2}+\frac{t}{q_1}+\left(\frac{p_2}{q_2}-\frac{p_1 q_1-q_2}{q_1^2}\right)\mathrm{e}^{-q_1 t/q_2}\right] \tag{2.33}$$

伯格斯模型具有瞬时弹性，又能显示无穷时间的流动，较麦克斯韦模型和开尔文模型具有明显的优势。

(2) 应力松弛

按照上述方法可以得到伯格斯模型的应力松弛方程。在 $t=0$ 时刻，伯格斯模型产生瞬时应变，随后应力逐渐衰减，在时间为无限远时可以完全松弛，残留应力为零。

2.3 流变性质及流变学的概念

流动变形是液体的基本特性。沥青及沥青混合料在夏季高温时节，沥青高温软化并在车辆荷载的作用下，在沥青混合料中向上移动形成泛油病害。沥青及沥青混合料在不同的温度条件下呈现出不同的变形特性，综合表现了材料的弹性变形与流动变形特性，因此，深入研究沥青的流变行为，对掌握和评价沥青混合料的综合黏

弹性性能、减少沥青路面病害、增加沥青路面寿命都具有重要的理论意义和现实应用价值。

另外，沥青在高温状态下具有单纯的流动变形特性，在沥青混合料的摊铺过程中可以充分利用这种特性实现沥青混合料的拌和与摊铺。因此，为调整沥青混合料配合比设计、控制沥青混合料的施工工艺提供依据，进而改善沥青混合料的施工性能，提高沥青路面的施工质量，因此，有必要对沥青的流动变形特性进行深入研究。

2.3.1　材料的流变性质

流变性质是指物质在外力作用下的变形与流动的性质，其中包括弹性变形、黏性变形和塑形变形。流动是物质存在的一种形式，自然界几乎所有的物质都处于流动之中，这种变形与物体的性质和内部结构有关，也与物体内部质点之间相对运动状态有关。如胶体体系的流变特性不仅是单个粒子性质的反映，也是粒子与粒子之间，以及粒子与溶剂之间相互作用的结果。因此，不同的物质具有不同的流变特性。

2.3.2　流变学

（1）基本概念

流变学是力学的一个分支，主要研究材料在应力、应变、温度、湿度等条件下与时间因素有关的变形和流动的规律。它包括材料的塑性、弹性、黏性、形变等内容，并将应力、应变、时间、温度、分子结构、界面性质等因素对材料力学性质的影响作为研究对象。流变学研究的是在外力作用下，物体的变形和流动的学科，研究对象主要是流体，还有软固体或者在某些条件下可以流动而不是产生弹性形变的固体，它适用于具有复杂结构的物质。

（2）研究内容

流变学研究的内容是各种材料的蠕变和应力松弛的现象、屈服值以及材料的流变模型和本构方程。

材料的流变性能主要表现在蠕变和应力松弛两个方面。

蠕变（缓慢变形）是指材料在保持应力不变的条件下，应变随时间延长而增加的现象。蠕变与塑性变形不同，塑性变形通常在应力超过弹性极限之后才出现，而蠕变是发生在应力小于弹性极限时。蠕变是由材料的分子和原子结构的重新调整引起的，这一过程可用延滞时间来表征。当卸去载荷时，材料的变形部分地回复或完全地回复到起始状态，这就是结构重新调整的另一现象。

在材料维持恒定应变的条件下，应力会随时间的增长而减小，这种现象称为应力松弛，这是材料的结构重新调整的另一种现象，它可理解为一种广义的蠕变。

蠕变和应力松弛是物质内部结构变化的外部显现。这种可观测的物理性质取决于材料分子（或原子）结构的统计特性。因此在一定应力范围内，单个分子（或原子）的位置虽会有改变，但材料结构的统计特征却可能不会变化。

在不同物理条件下（如温度、压力、湿度、辐射、电磁场等），以应力、应变和时间的物理变量来定量描述材料状态的方程，叫作流变状态方程或本构方程。材料的流变特性一般可用两种方法来模拟，即力学模型和物理模型。

在单轴压缩或拉伸，单剪或纯剪条件下，应力应变关系可用力学流变模型描述。在评价蠕变或应力松弛试验结果时，利用力学流变模型有助于了解材料的流变性能，也可用来预测在任意应力历史和温度变化下的材料变形。

沥青材料是一种具有流变特性的典型材料，所以在近代沥青材料性能的研究中，经常采用流变学的方法来描述沥青材料的工程性质。

（3）研究方法

流变学主要是以试验为基础发展起来的，因此试验是研究流变学的主要方法之一。我们可以通过宏观试验获得物理概念，进而发展新的宏观理论。

针对弹性和黏弹性材料的试验方法主要分为蠕变试验、应力松弛试验和动力试验三种。

蠕变试验是材料在长时间的恒温和恒应力作用下，发生缓慢的变形现象的一种材料机械性能试验。温度越高或应力越大，蠕变现象越显著。蠕变可在单一应力（拉力、压力或扭力）下发生，也可在复合应力下发生。通常的蠕变试验是在单向拉伸条件下进行的。

2.4 沥青材料的流变特性

流体具有流动性，即流体在静止时不能承受剪应力，只要有剪应力存在，流体就会流动。在流体流动的时候，流体内部质点间或流层间相对运动而产生内摩擦力以抵抗剪切变形，这种性质叫做流体的黏性。

2.4.1 牛顿流型沥青

流体内摩擦的概念最早是由牛顿在 1687 年提出的，由库伦在 1784 年用试验加以验证。流体流动时内摩擦定律，即运动流体内部层相邻流间的内摩擦力（剪切力）大小与流体的自身物理性质有关，也与流速的变化率及流层的接触面积有关，而与接触面上的压力无关。其数学表达式为

$$T=\eta A\ \frac{\mathrm{d}u}{\mathrm{d}y}=\eta AD \tag{2.34}$$

式中　η——液体的动力黏度，可简称黏度，Pa·s；

A——流层接触面积；

D——速度沿切线方向上的剪切速率。

式(2.34)表达的就是牛顿黏度定律，遵循牛顿黏性定律的液体称为牛顿流体，水和酒精都是遵循上述规律的液体。沥青在高温条件下，也可视为牛顿液体，认为剪切应力与剪切速率的流变曲线是直线。

假设流层间的剪应力为 τ，则 $\tau=\dfrac{T}{A}$。由式(2.34) 可得

$$\tau=\frac{T}{A}=\eta\frac{\mathrm{d}u}{\mathrm{d}y}=\eta D \tag{2.35}$$

由式(2.35) 可以看出，牛顿流体的剪切速率 D 与剪切应力 τ 成线性关系。

流体的黏度一般是随温度和压强的变化而变化，但是相关试验结果表明，通常在 100 个标准大气压（1.01325×10^{7}Pa）下的低压情况下，压强的变化对流体的黏度变化影响较小，一般情况下可以忽略不计。而温度的变化对流体的黏度影响较大，而且液体和气体的黏度随着温度变化而产生变化的规律有着明显的区别。气体的黏度随着温度的升高而增大，液体的黏度随着温度的升高而减少。在实际计算过程中，可以通过查取相关材料的黏温曲线或用经验公式计算得到我们需要流体的黏度。

2.4.2 非牛顿流型沥青

凡是流体运动时，其剪切速率 D 与剪切应力 τ 不成线性关系的流体称为非牛顿流体，如油漆、泥浆和浓淀粉糊等。

沥青材料是复杂的胶体，只有在高温（加热至拌和或施工温度）时才接近牛顿液体，路面正常使用条件下，表现为黏弹性体，故在不同的剪切速率时表现出不同的黏度，即剪切应力与剪切速率之间表现出非线性关系。呈现出非牛顿流体特性的材料还很多，如泥浆、油漆、奶油、蜂蜜、血液、高分子聚合物溶液或熔体、胶体溶液等。

在研究非牛顿流体时，一般认为流体的体积中间没有任何空隙，流体的力学性质在介质内部的分布是连续的，也就是认为流体是连续介质，对于多相介质，也可近似地看作连续介质来处理，如悬浮液等。一般认为非牛顿流体材料在各部位及各方向的性质完全相同，也就是认为流体是均质的和各向同性的。由于非牛顿流体大多是液体，压缩性很小，所以认为非牛顿流体是不可压缩的。

非牛顿流体的黏度不仅与温度、压强等外部环境有关，而且还与流动状态相关。因此很难用一个具体的数学表达式来描述，为了简便起见，可以参照牛顿内摩擦定律的公式定义非牛顿流体。即非牛顿流体的黏度为

$$\eta_{\alpha}=\frac{\tau}{D} \tag{2.36}$$

式中 η_{α}——非牛顿流体的黏度，是剪切速率的函数；

τ——剪切应力；

D——剪切速率。

非牛顿流体的黏度与剪切速率因素有关，具体性质如下。

（1）黏度随着剪切速率增大而减小

流体无屈服应力并且其黏度随剪切速率增加而减小，这种流体称为假塑性流体，或称剪切变稀型流体，大部分的非牛顿流体都属于假塑性流体。假塑形流体是非牛顿流体中的一种，其流变特性主要是，剪切应力与剪切速率的关系的流变曲线

经过坐标轴原点，但是剪切速率剪切应力增加得更快，流体的黏度随剪切速率的增加而减小，这称作剪切稀化现象。流变曲线为通过坐标原点凸向剪切应力轴的曲线。而牛顿流体在流变曲线上，剪切应力与剪切速率间关系为一通过原点的直线关系。

对于高分子材料假塑性流体，液体的流动破坏了分子间的结构形态关系，结构中的长分子处于具有梯度的流场中，长分子结构会发生沿速度方向取向，速度越大，这种取向愈加明显，因此，流体的黏度随着剪切速率的提高而减小。

一般情况下，流体的黏度随着剪切速率的提高而变化，在剪切速率低于某一定值时，流体的黏度就不再发生变化，这个黏度称为零剪切黏度。流体的黏度随着剪切速率的变化而变化，当剪切速率大于某一定值时，流体的黏度也趋向于稳定不再发生变化，这时的黏度称为极限黏度。由此可以看出，非牛顿流体的黏度变化是在一定的剪切速率范围内，而超过这一范围，流体的黏度均趋于稳定，表现出来牛顿流体的特性。对于高分子材料来说，当长分子结构随着剪切速率增加而发生沿速度方向取向时，剪切速率越大，取向越明显，当长分子结构取向达到一定程度时，剪切速率的提高已经不能再提高长分子结构度的取向时，这时材料的黏度也趋于稳定。

（2）黏度随着剪切速率增大而增大

与假塑性流体的黏度与剪切速率关系相反，当流体的黏度随着剪切速率的增加而增大时，这种流体称为膨胀性流体。膨胀性流体的黏度随着剪切速率增加而增大，流变曲线为通过坐标原点凹向剪切应力轴的曲线。

2.4.3 触变性流体

在恒定的温度下，如果剪切速率保持不变，一些流体的黏度随时间的增加而改变（增加或者降低），这种流体称为触变性流体。触变性流体的流动行为有时间依赖性。由于我国原油含蜡量较高，表现出显著的触变特性，因此，关于触变性流体流动行为的研究，对我国的石油工业具有重要的实际意义。

2.5 沥青黏度的测定方法

沥青的黏度测试方法主要有毛细管法、真空液压毛细管法、道路沥青标准黏度计法、恩格拉黏度计法、赛波特重质油黏度计法、布洛克菲尔德黏度计法等方法。

2.5.1 毛细管法[6]

（1）试验目的

毛细管法主要是采用毛细管黏度计测定黏稠石油沥青、液体石油沥青及其蒸馏后残留物的运动黏度。一般情况下，黏稠石油沥青的试验温度为135℃，液体石油沥青的试验温度为60℃。

(2) 主要试验设备

通常采用坎芬式（Cannon-Fenske）逆流毛细管黏度计，国外通用的有翟富斯横臂式（ Zeitfuchs Cross-Arm）黏度计、兰特兹-翟富斯（Lantz-Zeit-fuchs）型逆流式黏度计以及 BS/IP/RTU 型逆式黏度计等仪器进行测定。坎芬式逆流毛细管黏度计如图 2.6 所示，其尺寸型号及测试的黏度范围如表 2.1 所示。

表 2.1　坎芬式（Cannon-Fenske）逆流毛细管黏度计尺寸型号及测试的黏度范围

型号	近似测定常数 /(mm^2/s^2)	运动黏度范围 /(mm^2/s)	R 管内径 /mm(±2%)	N、G、E、F、I 管内径/mm(±5%)	球 A、C、J 容积 /mL(±5%)	球 D 容积 /mL(±5%)
200	0.1	6～100	1.02	3.2	2.1	11
300	0.25	15～200	1.26	3.4	2.1	11
350	0.5	30～500	1.48	3.4	2.1	11
400	1.2	72～1200	1.88	3.4	2.1	11
450	2.5	150～2500	2.20	3.7	2.1	11
500	8	48～8000	3.10	4.0	2.1	11
600	20	120～20000	4.00	4.7	2.1	13

(3) 试验步骤

① 准备工作

a. 需要根据经验估计试样的黏度来选择黏度计的型号，选择标准是试样流经毛细管规定体积的时间大于 60s。

b. 用三氯乙烯等溶剂将黏度计洗涤干净。也可使用清洗液、乙醚等洗净黏度计上沾有的油污，然后将擦拭干净的黏度计放入温度烘箱（105℃±5℃）中烘干，也可以使用通过棉花过滤的热空气吹干，然后预热至要求的测定温度。

c. 在室温环境条件下将液体沥青充分搅拌 30min，搅拌过程中不要将空气带入产生气泡。如试样沥青黏度过大，可以先将试样置于烘箱（60℃±3℃）中加热 30min。再按照规范规定的方法将准备好黏稠沥青试样，均匀加热至试验温度±5℃后倾入一个小盛样器中（容积不少于 20mL），并用盖盖好。

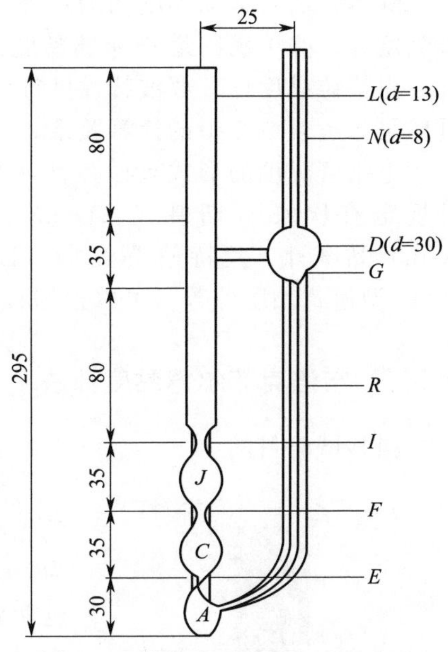

图 2.6　坎芬式（Cannon-Fenske）逆流毛细管黏度计

d. 调整恒温水槽或油浴的液面高度，并保证水槽或油浴的温度在试验温度±0.1℃范围内。

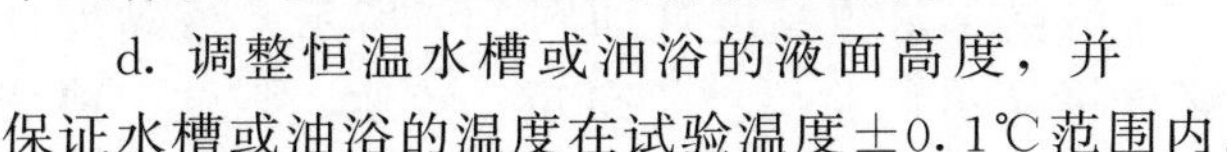

② 试验过程

a. 将放在烘箱中预热至试验温度的黏度计拿出垂直倒置，并通过橡皮管使毛细管 N 浸入试样中。在管 L 的管口接一橡皮球（或水流泵）吸气，使试样经毛细管 N 充满 D 球并充满至 G 处后，用夹子夹住 N 管上的橡皮管，取出 N 管并迅速

擦干 N 管口外部所黏附试样，并将黏度计倒转恢复到正常位置，然后用夹子夹紧 L 管上橡皮球的皮管。

b. 将黏度计移入试验温度±0.1℃的恒温水槽或油浴中，用橡皮的夹子将 N 管夹持固定，并使 L 管保持垂直。按照规范要求，D 球须浸入水或油面下 20mm 以上。

c. 放松 L 管夹子，使试样流入 A 球达一半时夹住夹子，停止试样流动。然后在恒温浴中保温 30min 后，放松 L 管夹子，让试样依靠重力流动。当试样弯液面达到标线 E 时，开动秒表，当试样液面流经标线 F 及 I 时，读取秒表，分别记录试样流经标志 E 到 F 和 F 到 I 的时间，精确至 0.1s。如试样流经时间小于 60s 时，应改选另一个毛细管直径较小型号的黏度计，重复上述操作。

（4）试验结果及数据处理

流经 C 球及 J 球的运动黏度为

$$v_C = C_C t_C \tag{2.37}$$

$$v_J = C_J t_J \tag{2.38}$$

（5）试验补充说明

除本方法对运动黏度的测定外，规范中还有 T0621、T0622、T0623 三种流出型黏度计，除了我国道路标准黏度计没有建立起与运动黏度的换算关系外，在国外，恩格拉黏度计、赛波特黏度计已经建立了与运动黏度的换算关系和计算公式，具体可参考表 2.2 中的换算关系。

毛细管黏度的形式有很多种，ASTM D 2170 中 AASHTO T 201 中运动黏度计规定有坎农-芬斯基式（Cannon-Fenske）、翟富斯横臂式（ Zeitfuchs Cross-Arm）黏度计、兰特兹-翟富斯（Lantz-Zeit-fuchs）型逆流式黏度计以及 BS/IP/RTU 型逆式黏度计等，可以根据具体情况选取任一形式黏度计进行试验。

2.5.2 布洛克菲尔德黏度计法[6]

（1）试验目的

使用布洛克菲尔德黏度计（Brookfield，简称布氏黏度计）旋转法测定道路沥青的表观黏度（单位为 Pa·s），用于测定不同温度条件下的黏度曲线，进而确定各种沥青混合料的现场施工温度，包含沥青混合料现场的拌和温度和压实温度。

图 2.7 布洛克菲尔德黏度计

（2）主要试验设备

布洛克菲尔德黏度计如图 2.7 所示。该黏度计能够直接显示试验温度、扭矩、转速、黏度、剪变率、剪切应力等试验条件及试验结果。

（3）试验过程

① 按照规范规定的方法制备沥青试样，放在软化点（100℃）以上的烘箱中保温 30～60min 备用，如是改性沥青，应该消除改性沥青中的气泡。

② 首先检查仪器的水平情况，确保仪器水平。然后启动仪器电源，使仪器的温度控制到试验温度。估计沥青试样的黏度，之后根据说明书选择合适的转子。

表 2.2　等温时不同测定方法测得的黏度结果近似换算表

运动黏度/(mm²/s²)	恩格拉黏度	赛博特黏度/s	运动黏度/(mm²/s²)	恩格拉黏度	赛博特黏度/s
1.8	1.14	—	96.8	12.8	47
2.7	1.18	—	102.2	13.5	49
4.2	1.32	—	107.6	14.2	51
5.8	1.46	—	118.4	15.6	56
7.4	1.6	—	129.2	17	61
8.9	1.75	—	140.3	18.5	66
10.3	1.88	—	151	19.9	71
11.7	2.02	—	162	21.3	76
13	2.15	—	173	22.7	81
14.3	2.31	—	183	24.2	86
15.6	2.42	—	194	25.6	91
16.8	2.55	—	205	27	96
18.1	2.68	—	215	28.4	100
19.2	2.81	—	259	34.1	121
20.4	2.95	—	302	39.8	141
22.8	3.21	—	345	45.5	160
25	3.49	—	388	51	180
27.4	3.77	—	432	57	200
29.6	4.04	—	541	71	250
31.8	4.32	—	650	85	300
34	4.59	—	758	99	350
36	4.88	—	866	114	400
38.4	5.15	—	974	128	450
40.6	5.44	—	1082	142	500
42.8	5.72	23	1190	156	550
47.2	6.28	25.3	1300	170	600
51.6	6.85	27	1405	185	650
55.9	7.38	28.7	1405	185	650
60.2	7.95	30.5	1515	199	700
64.5	8.51	32.5	1625	213	750
69.9	9.24	35	1730	227	800
75.3	9.95	37.2	1840	242	850
80.7	10.7	39.5	1950	256	900
86.1	11.4	42	2055	270	950
91.5	12.1	44.2	2165	284	1000

③ 按照仪器说明书要求在黏度计盛样筒中添加规定体积的沥青试样。将盛样筒和转子一起放入已到试验温度的烘箱中 1.5h，然后将盛样筒和转子安装在黏度计上，并在黏度计已到试验温度的保温筒中保温 15min 以上。

④ 按照仪器说明书要求选择转子速度，开动黏度计进行试验，试验过程中仔细观察黏度计试验结果，当小数点后两位数字稳定后，每 60s 读一次数据，将连续读三次求得的平均值作为最终试验结果。

⑤ 按照规定的试验温度重复以上试验，最好从低温到高温进行上述试验。

（4）试验结果及数据处理

根据不同温度条件下测定的黏度试验结果，绘于黏温曲线中，若试样为石油沥青，拌和温度范围宜为黏度为 0.17Pa·s±0.02Pa·s 所对应的温度范围，压实成形温度范围宜为黏度为 0.28Pa·s±0.03Pa·s 所对应的温度范围。

（5）试验补充说明

① 布氏旋转黏度测定方法为我国统一的确定沥青混合料拌和温度和压实温度的方法。

② 本方法可以测定牛顿流体和非牛顿流体沥青的表观黏度，即剪应力和剪变率之比，如果试验结果剪应力和剪变率之比为常数，则为牛顿流体；如果试验结果剪应力和剪变率之比为非常数，则为非牛顿流体。

2.6 沥青材料对于温度、时间的依赖性

沥青路面使用过程中，高温抗车辙问题是主要的病害之一。沥青的感温性能对路面高温抗车辙和低温抗变形的影响较为显著。各国学者提出了多种评价沥青感温性能的技术指标[8]。我国则选择了测定方法简单且能够合理反映沥青感温性能的针入度指数（Penetration Index，简称 PI）作为沥青感温性能的评价指标。然而，有研究[9,10] 表明，使用针入度指数评价沥青温度的敏感性存在明显的缺陷，即便相关系数很高也并不能说明 PI 值是可信的。因此十分有必要开展其他评价指标的研究与应用。本书采用坎芬式逆流毛细管黏度计测得不同温度条件下温拌沥青的运动黏度，进行线性和 WLF 方程回归，分析温拌沥青感温性能及评价指标。

2.6.1 试验材料与方法

对基质沥青和添加不同剂量的 EWMA-1 的温拌沥青（EWMA-1 在沥青中的质量比分别为 0.5%、0.6%、0.7%）进行试验，分别测试这四种沥青在 25℃、20℃、15℃、10℃、5℃的针入度和软化点。计算针入度指数，使用 15℃的针入度和软化点计算针入度-软化点指数（$PI_{R\&B}$），再使用坎芬式逆流毛细管黏度计（单位：mm）测得不同温度（120℃、135℃、150℃、175℃）条件下四种沥青的运动黏度，运用 MATLAB 进行线性及 WLF 方程回归拟合，得到黏-温关系曲线，分析温拌沥青感温性能及评价指标。

2.6.2 试验结果

（1）不同 EWMA-1 掺量下的针入度指数

针入度指数主要用于评价沥青的感温性能，针入度指数越大，表示沥青的温度敏感性越低。目前，常用 25℃、20℃、15℃、10℃、5℃的针入度计算得到针入度指数。这是因为有研究表明[11]，沥青的针入度对数和温度之间呈线性关系，也有研究[12] 建立了沥青黏度与针入度的换算关系。温拌沥青的针入度试验结果如图 2.8 所示。

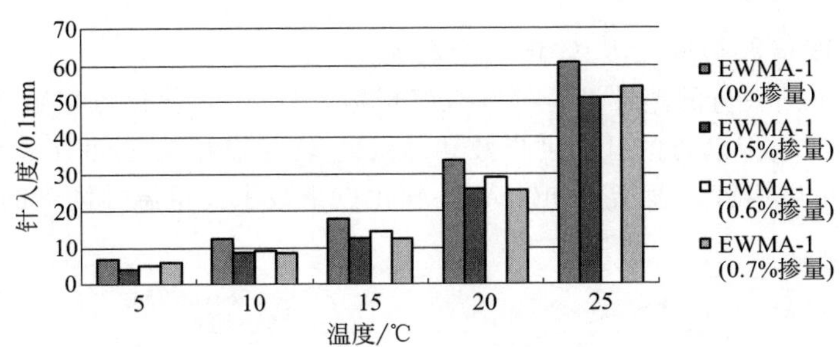

图 2.8　EWMA-1 不同掺量、不同温度下的针入度

(2) EWMA-1 不同掺量下的针入度-软化点指数

针入度软化点指数是评价沥青温度敏感性的指标，其值越大，说明沥青对温度变化越不敏感，表示感温性能越好[13]。软化点试验结果见图 2.9，利用式(2.39)进行计算得到针入度软化点指数（图 2.10）。

$$PI_{R\&B}=\frac{1952-500\lg P_{25}-20T_{R\&B}}{50\lg P_{25}-T_{R\alpha B}-120} \tag{2.39}$$

式中　$T_{R\&B}$——沥青的软化点，℃；

P_{25}——25℃下的针入度，0.1mm。

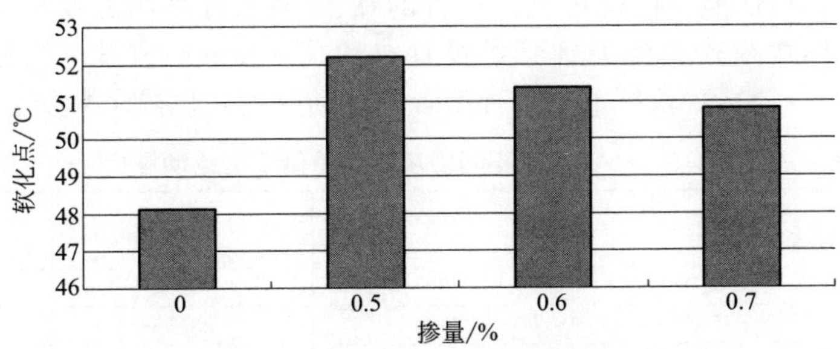

图 2.9　EWMA-1 不同掺量下的软化点

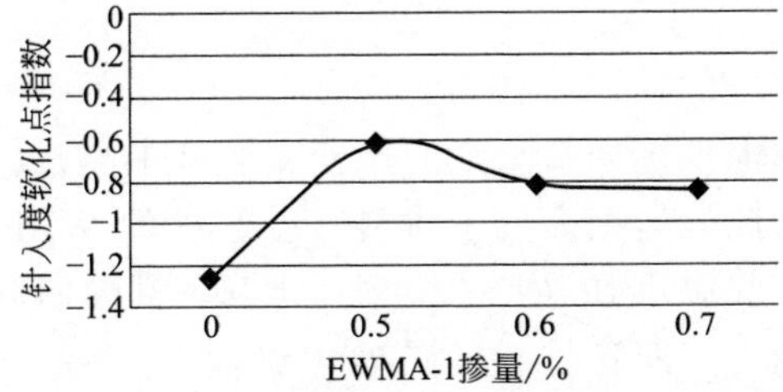

图 2.10　EWMA-1 不同掺量下的温拌沥青的针入度-软化点指数

从图 2.10 可看出，掺入 EWMA-1 的温拌沥青胶结料的 $PI_{R\&B}$ 值随 EWMA-1 剂量的增加先增大后减小最后趋于平缓，但仍高于基质沥青的 $PI_{R\&B}$ 值。说明温拌剂的增加提高了沥青的感温性能，进而能够提高沥青混合料的高温抗车辙和低温

抗裂性能。

(3) 针入度指数与针入度-软化点指数关系

计算得到不同剂量的温拌沥青的针入度指数与针入度-软化点指数关系如图 2.11 所示，EWMA-1 温拌沥青的针入度指数和针入度-软化点指标之间有较好的线性相关关系。因此，可以用针入度指数和针入度-软化点指数来评价温拌沥青的感温性能。

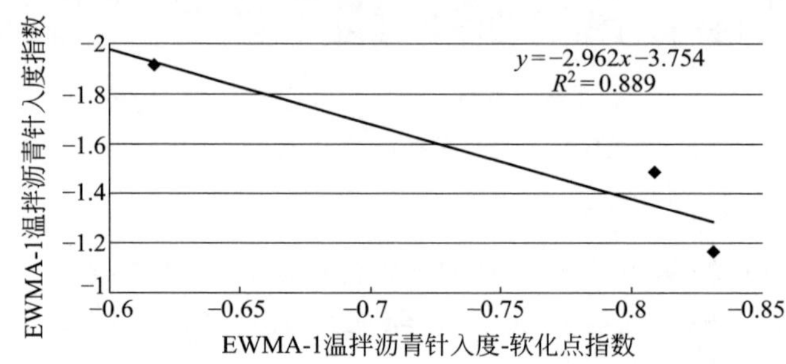

图 2.11 不同剂量下针入度指数与针入度-软化点指数关系

(4) 坎芬式逆流毛细管运动黏度测试试验

沥青的感温性能由沥青的黏度随温度变化的程度直接反映。陈华鑫、李宁利等[14] 研究认为，针入度指数有局限性，而采用黏温指数却能够合理地表征沥青在路面温度下的感温性能。由此可见，沥青的黏-温关系可以作为其感温性能的直接评价指标。采用坎芬式逆流毛细管黏度计（单位：mm）测得不同温度（120℃、135℃、150℃、175℃）条件下这四种沥青的运动黏度，试验结果如表 2.3 所示。

表 2.3 EWMA-1 不同温度不同掺量下的运动黏度 单位：m^2/s

掺量/% 温度/℃	0	0.5	0.6	0.7
120	1159	972	928	996
135	566	411	281.8	331.1
150	312	180	160	190
175	113	94	82	97

2.6.3 试验结果分析

经试验发现，温拌沥青黏度与温度的线性相关性不是很好，黏度与温度的关系具有明显的非线性。为此，运用高分子材料流变学中的 WLF 方程[15] 描述其黏度与温度间的关系。当试验温度在 $T_g<T<T_g+100$ 范围内时，用 WLF 方程描述比较恰当。有研究表明[16] 沥青材料的玻璃化温度 T_g 在 0℃左右时，试验过程中沥青的黏-温关系可以用 WLF 方程表示，即

$$\lg\left[\frac{\eta(T)}{\eta(T_g)}\right]=\lg(\alpha_T)=\frac{-8.86(T-T_g)}{101.6+(T-T_g)} \tag{2.40}$$

式中 $\eta(T)$——温度 T 条件下的黏度，Pa・s；

α_T——温度 T 条件下的移位因子；

T——绝对温度，K。

材料一定时，$\eta(T_g)$、T_g 均固定不变，所以，式(2.40)可简化为：

$$\lg[\eta(T)]=\frac{B}{C+T}+D \tag{2.41}$$

式中　B、C、D——与 $\eta(T_g)$、T_g 相关的常数。

为了便于拟合和分析，线性回归方程进一步可简化为：

$$\lg[\eta(T)]=B'+C' \tag{2.42}$$

式中　B'，C'——线性回归系数。

为了进行对比分析，应用 MATLAB 软件将表 2.3 中的结果分别进行线性回归和 WLF 方程回归，数据拟合结果见表 2.4 和图 2.12。

表 2.4　线性和 WLF 方程回归系数及相关关系

EWMA-1 掺量/%	回归系数及相关性						
	$\lg[\eta(T)]=B'+C'$			$\lg[\eta(T)]=\frac{B}{C+T}+D$			
	B'	C'	R^2	B	C	D	R^2
0	−0.01822	10.21	0.9985	4599.0	81.74	−6.625	0.9996
0.5	−0.01841	10.16	0.9613	165.4	−322.9	0.6406	0.9956
0.6	−0.01834	10.05	0.9269	66.19	−355.5	1.207	0.9990
0.7	−0.01766	9.832	0.9381	76.82	−350.1	1.210	0.9990

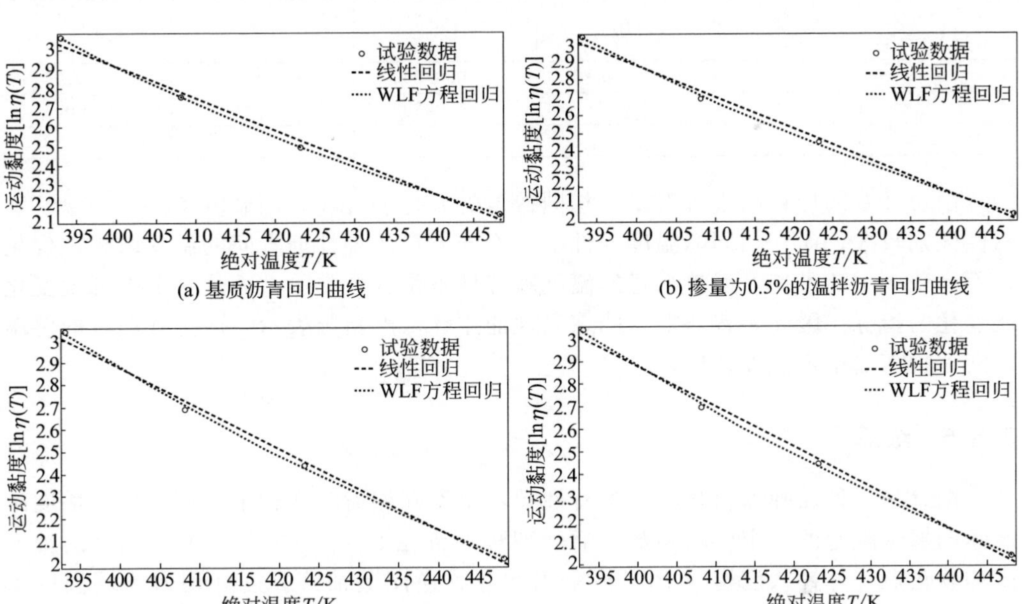

图 2.12　各种沥青线性和 WLF 方程回归曲线对比

从表 2.4 可以看出，这四种沥青采用 WLF 方程回归得到的 R^2 均接近于 1.0000。尤其是温拌沥青，WLF 方程回归得到的相关性明显比线性回归的结果好。

从图 2.12 的对比分析中可以看出，基质沥青通过两种方式回归得到的曲线与实测值均很接近，可以比较真实地反映不同温度条件下的运动黏度。温拌沥青的线性回归直线与实测值偏离较明显，而采用 WLF 方程回归得到的曲线与实测值很接近，可以真实地反映温拌沥青的黏-温关系。由此可见，用 WLF 方程描述温拌沥青的黏-温关系更为合适。

2.6.4 温拌沥青感温性能评价指标分析

由试验结果可知，普通沥青的黏-温关系接近线性相关，沥青材料的感温性能可以运用方程 $PI=\frac{20-500A}{1+50A}$ 中的 A 的绝对值来评价，基质沥青的黏-温关系是常量，其温度敏感性是常数。

而温拌沥青的黏-温关系相比较而言却能较好地满足 WLF 方程，对式(2.42)求导就能得到其黏度随温度变化的敏感性。

$$\frac{\partial \lg[\eta(T)]}{\partial T}=-\frac{B}{(C+T)^2} \tag{2.43}$$

计算结果如表 2.5 所示。

表 2.5　EWMA-1 掺量不同的沥青在不同温度条件下的敏感性

EWMA-1 掺量/% \ 温度/℃	120	135	150	175
0.5	－0.0335	－0.0228	－0.0165	－0.0105
0.6	－0.0467	－0.0239	－0.0145	－0.0077
0.7	－0.0415	－0.0228	－0.0144	－0.0080

由表 2.5 的计算结果可看出，相同掺量的温拌沥青在不同温度条件下的温度敏感性区别较大；而在相同的温度条件下，不同掺量的温拌沥青间的温度敏感性变化也不一致。由此可见，温拌沥青的温度敏感性不是一个常量，而是一个随温度变化而变化的指标。因此，普通沥青的感温性能用针入度指数表示，而温拌沥青的感温性能评价需要指定温度条件。

2.6.5 结语

沥青是一种黏弹性材料，力学特性随着温度和加荷时间的不同而不同。黏度是流体内部摩阻力的一个度量参数。通过四种沥青在 25℃、15℃、10℃、5℃的针入度和软化点计算针入度指数 PI，再采用坎芬式逆流毛细管黏度计测得不同温度条件下几种沥青的运动黏度，运用线性回归及 WLF 方程回归两种方法拟合，分析其黏-温关系，研究沥青的感温性及评价指标。由此得出：普通沥青的感温性能可以用针入度指数评价，针入度指数越大，表示沥青的温度敏感性越低；温拌沥青的感温性能评价需要指定的温度条件，且用 WLF 方程描述温拌沥青的黏-温关系更为合适。

2.7 本章小结

本章对黏弹性材料的力学基本原理进行了介绍分析，对沥青材料的黏弹性性质进行了简单介绍，对描述黏弹性材料的力学模型进行了推导。并通过四种沥青在25℃、15℃、10℃、5℃的针入度和软化点计算针入度指数 PI，再采用坎芬式逆流毛细管黏度计测得不同温度条件下几种沥青的运动黏度，运用线性回归及 WLF 方程回归两种方法拟合，分析其黏-温关系，研究沥青的感温性及评价指标。

本章参考文献

[1] 李玉柱，苑明顺. 流体力学 [M]. 北京：高等教育出版社，1998.

[2] 陈文芳. 非牛顿流体力学 [M]. 北京：科学出版社，1984.

[3] 李兆敏，蔡国琰. 非牛顿流体力学 [M]. 东营：中国石油大学出版社，1998.

[4] 张卫，徐华，清水信行. 分数算子描述的黏弹性力学问题数值方法 [J]. 力学学报，2004 (05)：617-622.

[5] 郝培文. 沥青与沥青混合料 [M]. 北京：人民交通出版社，2009.

[6] JTG E20—2011，公路工程沥青及沥青混合料试验规程 [S].

[7] 朱卓慧，赵延林，徐燕飞等. 八种典型岩石力学流变组合模型的教学研究 [J]. 当代教育理论与实践，2011，3 (6)：85-89.

[8] 彭亚荣，张虎. 石安高速公路沥青混凝土路面车辙病害分析 [J]. 公路，2004，7：120-123.

[9] 张喆. 沥青感温性技术指标的分析与评价 [J]. 安徽建筑工业学院学报：自然科学版，2010，8：20-24.

[10] 黄卫东，孙立军，张志全，蒋跃. 沥青针入度指数的研究 [J]. 同济大学学报：自然科学版，2005，3 (33)：306-310.

[11] Pfeiffer J P，Van Doormaal P M. The rheological properties of asphaltic bitumen [J]. Journal of the Institute of Petroleum，1936，22 (4)：414-440.

[12] Robert O R，Asce M，Robert L L，et al. Method to predict temperature susceptibility of an asphalt binder [J]. Journal of Material in Civil Engineering，2002，14 (3)：246-252.

[13] 季节，冉晋，徐世法. Sasobit 对沥青感温性能的影响分析 [J]. 石油沥青，2009，23 (4)：19-23.

[14] 陈华鑫，李宁利，张争奇，王秉刚. 沥青材料的感温性分析 [J]. 长安大学学报：自然科学版，2006，1 (26)：8-11.

[15] 吴其晔，巫静安. 高分子材料流变学 [M]. 北京：高等教育出版社，2002.

[16] 曹丽萍，谭忆秋，董泽蛟，孙立军. 应用玻璃化转变温度评价 SBS 改性沥青低温性能 [J]. 中国公路学报，2006，19 (2)：1-6.

第 3 章

分数阶导数理论及应用

3.1 概述

黏弹性固体材料的力学性能往往受应力幅值、振动频率、环境温度等因素影响，因此，黏弹性材料的本构关系也非常复杂。为了不断提高本构模型的精度及适用范围，国内外学者进行了大量的相关研究并建立了诸多模型，线性黏弹性材料的本构关系分为微分型和积分型两大类，其中微分型本构关系比较直观明了并且平衡方程容易求得而被广泛应用，这些模型主要有麦克斯韦模型、开尔文模型、开尔文-沃伊特模型和伯格斯等模型[1]。元件模型虽然具有直观易懂、参数物理意义明确等优点，但要想利用元件模型来精确描述黏弹性材料的复杂力学行为就需要更多的元件组合在一起，复杂的模型及众多的参数都给工程应用带来了极大的不便。分数阶导数模型具有精确度高、参数相对较少等优点，并且能够在较宽的频率范围内描述黏弹性固体材料的力学行为而被广泛应用。国内许多学者最先将分数阶导数理论用于描述软土的流变特性从而达到减少模型参数和有效地拟合试验结果的目的。

本章首先对分数阶导数理论进行简单介绍，基于黎曼-刘维尔分数阶微分算子，分别构建了分数阶导数麦克斯韦模型、分数阶导数开尔文和分数阶导数五元件流变模型，给出了模型参数的表达式。对分数阶导数本构模型在岩土工程领域和高分子聚合物材料应用领域进行了简要的介绍，进而说明分数阶导数模型的优势及广泛的适用性。

3.2 分数阶导数理论基础

3.2.1 黎曼-刘维尔定义及主要性质

分数阶导数理论是数学分析的一个分支，其与整数阶微积分几乎同时产生与发展，但是由于缺少实际应用背景，分数阶微积分发展缓慢。Bagley[2] 于 1979 年完成了将分数阶积分黏弹性材料建模的第一篇博士论文。此后，将分数阶微积分应用于黏弹性材料力学性能的建模受到了越来越多的关注。

分数阶导数微分算子有多种定义形式，在基础数学与工程应用研究中最常用黎曼-刘维尔定义、Caputo 定义和 Grünwald-letnikov 等定义[3-6] 的分数阶导数，其中黎曼-刘维尔定义形式应用较为广泛。因此，本书主要基于黎曼-刘维尔微分算子进行研究及应用。

设 $f(t)$为（0，$+\infty$）连续函数，对任意 $\alpha>0$，分数阶黎曼-刘维尔积分定义为

$$(I_{0+}^{\alpha} f)(t)=\frac{1}{\Gamma(\alpha)}\int_0^t \frac{f(t)}{(t-\tau)^{1-\alpha}}\mathrm{d}\tau \quad (\alpha<t<\tau) \tag{3.1}$$

式中 $\Gamma(\alpha)$——Gamma 函数，$\Gamma(z)=\int_0^{\infty} \mathrm{e}^{-t}t^{z-1}\mathrm{d}t$，($\mathrm{Re}z>0$)。

连续函数 $f(t)$ 的黎曼-刘维尔分数阶微分算子定义为

$$(D_{0^+}^{\gamma} f)(t)=\frac{1}{\Gamma(1-\gamma)}\frac{\mathrm{d}}{\mathrm{d}t}\int_0^t \frac{f(\tau)}{(t-\tau)^{\gamma}}\mathrm{d}\tau \quad (0<\gamma<1) \tag{3.2}$$

黎曼-刘维尔分数阶导数具有如下性质。

（1）线性性质

$$D_{0^+}^{m}[cu(t)+\lambda v(t)]=cD_{0^+}^{m}u(t)+\lambda D_{0^+}^{m}v(t) \tag{3.3}$$

（2）交换性

$$D_{0^+}^{-m}[D_{0^+}^{-n}u(t)]=D_{0^+}^{-m}[D_{0^+}^{-n}u(t)] \tag{3.4}$$

（3）复合性

$$D_{0^+}^{-m}[D_{0^+}^{-n}u(t)]=D_{0^+}^{-m-n}u(t) \tag{3.5}$$

（4）可逆性

$$D_{0^+}^{m}[I_{0^+}^{-m}u(t)]=u(t) \tag{3.6}$$

3.2.2 分数阶导数的拉普拉斯变换与傅里叶变换

3.2.2.1 分数阶导数的拉普拉斯变换[7,8]

拉普拉斯变换是数学中经常使用的一种积分变换方法，又称作拉氏变换。拉氏变换可以将一个实数因数函数转换成一个复数因数函数，是一个线性变换。由于在一些条件下，实变量函数在方程的计算或运算中难以进行，但是将实变量函数进行拉普拉斯变换后在复数域范围内则比较容易计算，计算结束后，我们再将计算结果进行拉普拉斯逆变换进而求得实数域中的我们需要的结果，这种计算方法往往比在实数范围内计算简单得多，因而在工程数学领域得到了广泛的应用。拉普拉斯变换和逆变换的计算方法对于求解线性微分方程尤为简便适用而使整个计算简化。

拉普拉斯变换[9] 是求解微分方程的一种有效手段，其定义如下。

设函数 $f(t)$在 $t\geqslant 0$ 时有定义，而且积分 $\int_0^{+\infty} f(t)\mathrm{e}^{-st}\mathrm{d}t$（$s$ 是一个复参量）在 s 的某一域内收敛，则函数 $f(t)$ 的拉普拉斯变换式为

$$F(s)=L[f(t)]=\int_0^{+\infty} f(t)\mathrm{e}^{-st}\mathrm{d}t \tag{3.7}$$

函数 $u(t)$和 $v(t)$的卷积的拉普拉斯变换为

$$L\{f(t)*g(t);s\}=F(s)G(s) \tag{3.8}$$

另外，$f(t)$的 n 阶整数导数的拉普拉斯变换式为

$$L\{f^{(n)}(t);s\}=s^nF(s)-\sum_{k=0}^{n-1}s^{n-k-1}f^{(k)}(0)=s^nF(s)-\sum_{k=0}^{n-1}s^kf^{(n-k-1)}(0) \tag{3.9}$$

将黎曼-刘维尔的分数阶导数写成

$$D_{0^+}^{\alpha}f(t)=g^{(n)}(t) \tag{3.10}$$

则 $$g(t)=D_{0^+}^{-(n-\alpha)}f(t)\frac{1}{\Gamma(k-\alpha)}\int_0^t(t-\tau)^{n-\alpha-1}f(\tau)\mathrm{d}\tau \quad (n-1\leqslant\alpha<n) \tag{3.11}$$

利用整数阶导数的拉普拉斯变换式(3.9) 可得

$$L\{\mathrm{D}_{0^+}^{\alpha}f(t);s\}=s^{\alpha}G(s)-\sum_{k=0}^{n-1}s^kg^{(n-k-1)}(0) \tag{3.12}$$

黎曼-刘维尔分数积分的拉普拉斯变换可得函数 $g(t)$ 的拉普拉斯变换为

$$L\{D_{0^+}^{-\alpha}f(t);s\}=L\{D_{0^+}^{-\alpha}f(t);s\}=s^{-\alpha}F(s) \tag{3.13}$$

即

$$G(s)=s^{-(n-\alpha)}F(s) \tag{3.14}$$

另外，由黎曼-刘维尔的分数导数的定义知

$$g^{(n-k-1)}(t)=\frac{\mathrm{d}^{n-k-1}}{\mathrm{d}t^{n-k-1}}D_{0^+}^{-(n-\alpha)}f(t)=D_{0^+}^{\alpha-k-1}f(t) \tag{3.15}$$

将式(3.14) 与式(3.15) 代入式 (3.12) 可以得到 $\alpha>0$ 阶黎曼-刘维尔分数导数的拉普拉斯变换为

$$L\{D_{0^+}^{\alpha}f(t);s\}=s^{\alpha}F(s)-\sum_{k=0}^{n-1}s^{\alpha}\left[D_{0^+}^{\alpha-k-1}f(t)\right]_{t=0} \quad (n-1\leqslant\alpha<n) \tag{3.16}$$

因此，在零初始条件下，式(3.16) 可以简化为

$$L\{D_{0^+}^{\alpha}f(t);s\}=s^{\alpha}F(s) \tag{3.17}$$

3.2.2.2 分数阶导数的傅里叶变换

傅里叶变换主要用于将一定条件的某个函数表示成三角函数（正弦和/或余弦函数）或者它们的积分的线性组合形式。研究领域不同，傅里叶变换也具有多种不同的变体形式，如连续傅里叶变换和离散傅里叶变换。

在 $(-\infty, +\infty)$ 上绝对可积的连续函数 $g(t)$ 的傅里叶变换及逆变换的表达式为[4]

$$F(\omega)=F\{g(t);\omega\}=\int_{-\infty}^{\infty}\mathrm{e}^{-i\omega t}g(t)\mathrm{d}t \tag{3.18}$$

$$g(\omega)=F^{-1}\{F(t)\}=\frac{1}{2\pi}\int_{-\infty}^{\infty}\mathrm{e}^{i\omega t}G(\omega)\mathrm{d}t \tag{3.19}$$

式中　ω——频率。

考虑到傅里叶变换计算需要，黎曼-刘维尔算子积分下限为 $-\infty$ 时，傅里叶变

换为

$$F_e\{{}_{-\infty}D_t^{-\alpha}(t);\omega\}=(i\omega)^{\alpha}G(\omega) \tag{3.20}$$

式中　$G(\omega)$——函数 $g(t)$的傅里叶变换。

3.2.3　分数阶导数元件模型及性质

3.2.3.1　基本元件

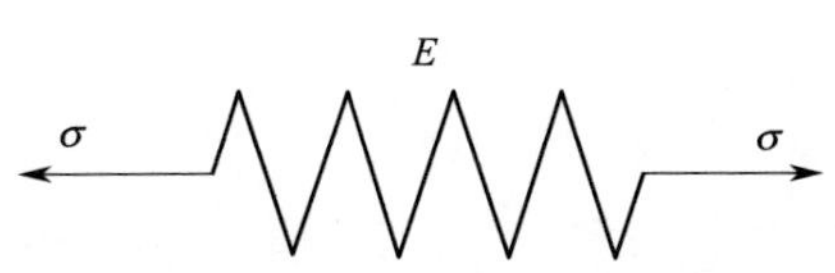

图 3.1　线性弹簧

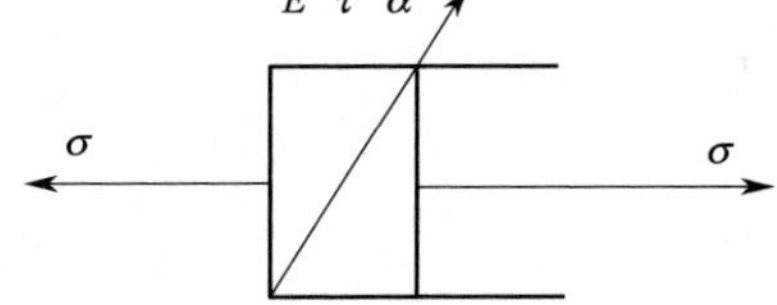

图 3.2　分数阶导数弹壶元件

构成分数阶导数模型的基本元件主要有线性弹簧（图 3.1）和阿贝尔弹壶（图 3.2）。一维单向应力状态下本构方程如下所示。

（1）线性弹簧

本构方程：
$$\sigma(t)=E\varepsilon(t) \tag{3.21}$$

松弛模量：
$$Y(t)=E \tag{3.22}$$

蠕变柔量：
$$J(t)=\frac{1}{E} \tag{3.23}$$

（2）弹壶元件

在黏弹性理论领域内，Koeller[5] 提出了一种描述黏弹性行为的弹壶元件。其性质如下：

本构方程：
$$\sigma(t)=E^{1-\alpha}\eta^{\alpha}D^{\alpha}\varepsilon(t)=E\tau^{\alpha}D^{\alpha}\varepsilon(t)=E_{\infty}D^{\alpha}\varepsilon(t) \tag{3.24}$$

松弛模量：
$$Y(t)=\frac{\eta}{\Gamma(1-\alpha)t^{\alpha}} \tag{3.25}$$

蠕变柔量：
$$J(t)=\frac{1}{\eta}\frac{t^{\alpha}}{\Gamma(\alpha+1)} \tag{3.26}$$

式中　$E_{\infty}=E\tau^{\alpha}$；

$\tau=\eta/E$；

α——分数阶导数的阶数，当 α 分别取 0 或 1 时，该元件分别可以退化为胡克弹簧元件（弹性模量为 E）或牛顿黏壶元件（黏滞系数为 η），而当 $0<\alpha<1$ 时，该元件可以描述材料从固体状态到流体状态的力学性质。

3.2.3.2　分数阶导数麦克斯韦模型

分数阶导数麦克斯韦模型由线性弹簧和弹壶串联构成，如图 3.3 所示。

在应力 $\sigma(t)$作用下，模型的应变为弹簧和弹壶的应变之和，因此其本构方程为

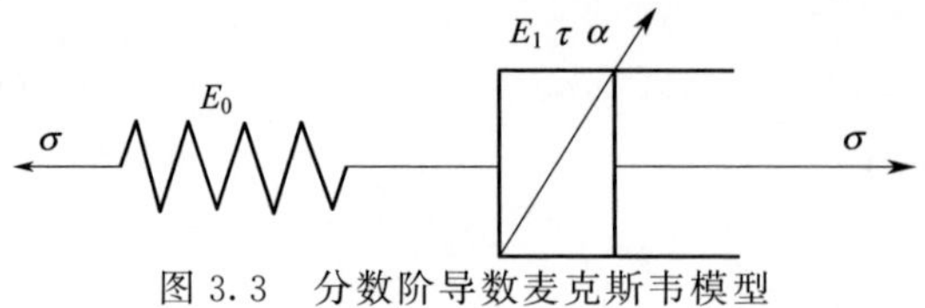

图 3.3　分数阶导数麦克斯韦模型

$$\varepsilon(t)=\frac{\sigma(t)}{E_0}+\frac{\sigma(t)}{E_1\tau^\alpha D^\alpha} \tag{3.27}$$

即 $$\sigma(t)=\frac{E_0E_1D^\alpha}{E_0+E_1D^\alpha}\varepsilon(t) \tag{3.28}$$

对式(3.27) 进行拉普拉斯变换得

$$\overline{\varepsilon(t)}=\frac{\overline{\sigma(t)}}{E_0}+\frac{\overline{\sigma(t)}}{E_1\tau^\alpha s^\alpha} \tag{3.29}$$

进一步可得

$$\overline{\varepsilon(t)}=\frac{\overline{\sigma(t)}}{E_0}(1+\frac{E_0}{E_1\tau^\alpha s^\alpha}) \tag{3.30}$$

即

$$\overline{\sigma(t)}=E_0\overline{\varepsilon(t)}/(1+\frac{E_0}{E_1\tau^\alpha s^\alpha}) \tag{3.31}$$

将单位阶跃函数 $\sigma(t)=\sigma_0H(t)$ 和 $\varepsilon(t)=\varepsilon_0H(t)$ 分别代入式(3.31)，进行拉普拉斯逆变换，可得其蠕变柔量和松弛模量分别为

$$J(t)=\frac{E_0}{E_1}[1+\frac{1}{\Gamma(1+\alpha)}\cdot\frac{t^\alpha}{E_0}] \tag{3.32}$$

$$Y(t)=\frac{E_1}{E_0}\left[1+\sum_{n=1}^{\infty}\frac{\left(-\frac{t^\alpha}{E_0}\right)}{\Gamma(1+\alpha n)}\right] \tag{3.33}$$

利用式(3.20) 对分数阶导数麦克斯韦模型本构方程［式(3.28)］进行傅里叶变换可得

$$\sigma(\omega)=\frac{E_0E_1(i\omega)^\alpha}{E_0+E_1(i\omega)^\alpha}\varepsilon(\omega) \tag{3.34}$$

因此，分数阶导数麦克斯韦模型的复模量为

$$Y^*(\omega)=\frac{E_0E_1(i\omega)^\alpha}{E_0+E_1(i\omega)^\alpha}=Y_1(\omega)+iY_2(\omega) \tag{3.35}$$

由于 $i^\alpha=\cos(\frac{\alpha\pi}{2})+i\sin(\frac{\alpha\pi}{2})$，可以得到分数阶导数麦克斯韦模型的

存储模量为 $$Y_1(\omega)=\frac{E_0E_1\tau^\alpha\omega^\alpha[E_0\cos(\alpha\pi/2)+E_1\tau^\alpha\omega^\alpha]}{E_0^2+2E_0E_1\tau^\alpha\omega^\alpha\cos(\alpha\pi/2)+E_1^2\tau^{2\alpha}\omega^{2\alpha}} \tag{3.36}$$

损耗模量为

$$Y_2(\omega)=\frac{E_0E_1\tau^\alpha\omega^\alpha[E_0\cos(\alpha\pi/2)+E_1\tau^\alpha\omega^\alpha]}{E_0^2+2E_0E_1\tau^\alpha\omega^\alpha\cos(\alpha\pi/2)+E_1^2\tau^{2\alpha}\omega^{2\alpha}} \tag{3.37}$$

损耗因子为 $$\tan\delta=\frac{Y_2(\omega)}{Y_1(\omega)}=\frac{E_0\sin(\alpha\pi/2)}{E_0\cos(\alpha\pi/2)+E_1\tau^\alpha\omega\alpha} \tag{3.38}$$

3.2.3.3　分数阶导数开尔文模型

分数阶导数开尔文模型由线性弹簧和弹壶并联构成，如图 3.4 所示。模型的总应力为弹簧的应力与弹壶的应力之和，其本构方程为

$$\sigma(t)=E_0\varepsilon(t)+E_2\tau^{\alpha}D^{\alpha}\varepsilon(t) \tag{3.39}$$

与分数阶导数麦克斯韦模型计算思路相同，可得分数阶导数开尔文模型的蠕变柔量为

$$J(t)=\frac{E_0}{E_2}\left[1+\frac{1}{\Gamma(1+r)}\cdot\frac{t^r}{E_0}\right] \tag{3.40}$$

松弛模量为

$$Y(t)=E_0+E_2\tau^{\alpha}\ \frac{t^{-\alpha}}{\Gamma(1-\alpha)} \tag{3.41}$$

同样通过对式（2.39）进行傅里叶变换，经推导可得分数阶导数开尔文模型的存储模量 $Y_1(\omega)$、损耗模量 $Y_2(\omega)$ 和损耗因子 $\tan\delta$ 分别为

$$Y_1(\omega)=E_0+E_2\tau^{\alpha}\omega^{\alpha}\cos(\pi\alpha/2) \tag{3.42}$$

$$Y_2(\omega)=E_2\tau^{\alpha}\omega^{\alpha}\sin(\pi\alpha/2) \tag{3.43}$$

$$\tan\delta=\frac{E_2\tau^{\alpha}\omega^{\alpha}\sin(\pi\alpha/2)}{E_0+E_2\tau^{\alpha}\omega^{\alpha}\cos(\pi\alpha/2)} \tag{3.44}$$

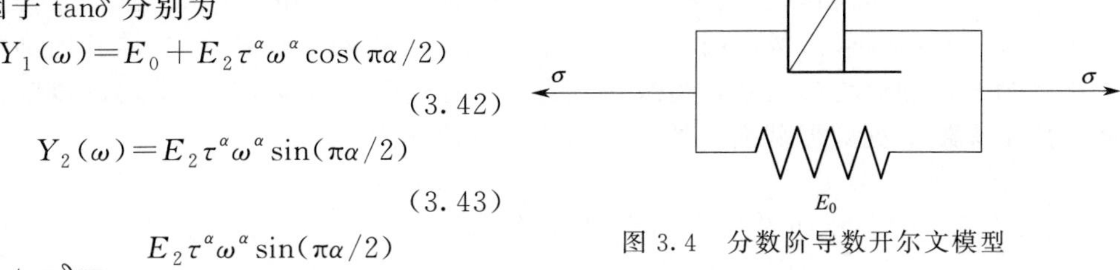

图 3.4　分数阶导数开尔文模型

3.2.3.4　其他元件模型

除了上述模型，分数阶导数元件模型还有分数阶导数三元件固体模型（也称为分数阶导数 Zener 模型）、分数阶导数伯格斯等模型[10,11]。另外，康永刚等[12] 把分数阶导数伯格斯模型中串联的黏壶看成与时间有关的非定常参数来描述不同应力条件下岩石的蠕变。姚兆明等[13] 通过分数阶导数伯格斯模型中串联加速元件建立了分数阶导数加速伯格斯蠕变模型，并将此模型成功用于描绘人工冻土各阶段蠕变过程。J. G. Liu 和 M. Y. Xu[14] 分别将分数阶麦克斯韦模型与分数阶导数开尔文模型串联和并联进而组成新的分数阶导数本构模型，并利用 Mittag-Leffler 和 H-Fox 函数对新的分数阶导数本构方程的松弛模量和蠕变柔量进行了详细推导。Arikoglu[15] 将两个分数阶导数 Zener 模型嵌套组成新的十参数分数阶导数嵌套 Zener 模型，并提出用遗传算法来确定新模型的参数。以上分数阶导数本构模型的表达式、蠕变柔量和松弛模量等函数的推导过程与分数阶导数麦克斯韦模型和分数阶导数开尔文模型推导过程类似，在这里不再进行赘述。

3.3　分数阶导数模型的应用

分数阶导数模型具有精确度高、参数相对较少等优点，并且能够在较宽的频域范围内描述黏弹性固体材料的力学行为而被逐渐应用于各种工程领域。目前，分数阶导数主要用于岩土工程、高分子聚合物材料等领域。下面以几个具体工程实例就

分数阶导数元件组合模型在岩土工程和高分子聚合物材料领域的应用情况进行简单介绍，以说明分数阶导数模型的优势及更为广泛的适用性。

3.3.1 分数阶导数模型在岩土工程领域的应用

3.3.1.1 分数阶导数黏弹性土基受圆形均布荷载作用的变形分析

土体具有明显的黏弹性质，土基的蠕变会导致结构物出现沉降量过大和沉降时间过长等问题，加上土体的复杂性，深入研究土体的应力应变关系一直是土力学和岩土工程领域的重要研究课题。半空间弹性体在边界上受法向集中力的解称为布西内斯克解答，其是弹性力学最有价值的理论之一，其受法向圆形均布荷载可用叠加法求得[16]。王云岗和林宏剑基于弹性力学基本方程，利用 Hankel 积分变化方法推导计算了竖向圆形荷载作用下弹性地基半空间问题的解析解[17]。地基内部承受一半径为 α 的圆形均布荷载，荷载强度为 q，荷载作用深度为 s，求得的该竖向荷载作用下深度 z 处圆形截面处的应力与位移数值解为：

$$\overline{u_z}(\bar{z})=\int_0^1 2\bar{r}\int_0^\infty p\bar{u}_z^0(p,\bar{z})J_0(p\bar{r})\mathrm{d}p\,\mathrm{d}\bar{r} \tag{3.45}$$

$$\overline{\sigma_{zz}}(\bar{z})=\int_0^1 2\bar{r}\int_0^\infty p\bar{\sigma}_{zz}^0(p,\bar{z})J_0(p\bar{r})\mathrm{d}p\,\mathrm{d}\bar{r} \tag{3.46}$$

作者将该计算理论用于桩筏基础可以求得桩与桩之间的相互影响系数，进而计算得到群桩基础的刚度。并利用此方法对上海某烟囱基础进行了计算，分析了竖向位移、竖向应力等参数随深度变化的规律[18]。

由于土体具有黏弹性性质，其变形不但与土体的应力有关，而且与应力的变化历史有关，因此蔚旭灿和郑传超求得了圆形均布荷载作用下半空间伯格斯模型黏弹性体的理论解[19]。

根据黏弹性理论与弹性理论之间的对应原理，基于半空间弹性体受圆形均布荷载时的弹性解，利用伯格斯本构关系，得到了半空间黏弹性体受圆形均布荷载作用下的黏弹性理论解为：

$$\left.\begin{aligned}
\sigma_r&=(-A+B+C-D)f_0(t)-Cf_1(t)\\
\sigma_\theta&=(-C+D)f_0(t)+(-A+C)f_1(t)\\
\sigma_z&=(-A-B)f_0(t)\\
\tau_{zr}&=-Ef_0(t)\\
u&=(-F+G)f_2(t)+Ff_3(t)\\
w&=(2H+I)f_2(t)-Hf_3(t)
\end{aligned}\right\} \tag{3.47}$$

式中各字母为计算参数，详细计算公式见本章参考文献［19］。

该文假设了响应的材料参数并进行了计算，得到了不同时间及不同半径处的表面黏弹性位移解，并分析了其变形规律。同时计算了黏弹性半空间体中的竖向应力、剪应力与弹性空间体的数值相等，而径向应力和环向应力随时间变化而变化。

综上所述，黏弹性体材料可以通过弹性与黏弹性力学对应原理进行计算，并且由于分数阶导数本构模型具有描述黏弹性材料更加准确和频域更广等优势，本书则基于分数阶导数理论，对圆形均布荷载作用下的黏弹性半空间体的地表变形特性进行了响应计算和分析，为黏弹性半空间体的沉降计算提供一定的理论基础。

（1）三维分数阶导数开尔文固体模型黏弹性本构方程[20]

① 经典线性黏弹性三维本构方程

对于黏弹性土体，其经典线性一维微分型本构方程为：

$$P\sigma = Q\varepsilon \tag{3.48}$$

式中　P，Q——分别为微分算子，计算式如下：

$$P = \sum_{k=0}^{m} p_k \frac{\mathrm{d}^k}{\mathrm{d}t^k}, Q = \sum_{k=0}^{m} q_k \frac{\mathrm{d}^k}{\mathrm{d}t^k} \tag{3.49}$$

式中　p_k，q_k——分别为黏弹性参数。

其在小变形条件和各向同性假设条件下，考虑体积应力与体积应变、偏应力与偏应变条件下的三维本构方程为：

$$P' S_{ij} = Q' e_{ij} \tag{3.50}$$

$$P'' \sigma_{ij} = Q'' e_{ij} \tag{3.51}$$

式中　p'_k，q'_k，p''_k，q''_k——黏弹性参数，微分算子分别为：

$$P' = \sum_{k=0}^{m'} p'_k \frac{\mathrm{d}^k}{\mathrm{d}t^k}, Q' = \sum_{k=0}^{m'} q'_k \frac{\mathrm{d}^k}{\mathrm{d}t^k}, P'' = \sum_{k=0}^{m''} p''_k \frac{\mathrm{d}^k}{\mathrm{d}t^k}, Q'' = \sum_{k=0}^{m''} q''_k \frac{\mathrm{d}^k}{\mathrm{d}t^k} \tag{3.52}$$

式中　S_{ij}，e_{ij}——分别为应力偏量和应变偏量；

σ_{ij}，e_{ij}——分别为应力球和应变球张量部分，近似地认为土体体积变化是弹性，则：

$$\sigma_{ii} = 3K e_{kk} \tag{3.53}$$

式中　K——体积模量。

② 三维分数阶导数开尔文固体模型黏弹性本构方程

广义的分数导数黏弹性模型[21]为：

$$\sigma(t) + \sum_{m=1}^{M} b_m D^{\beta_m} \sigma(t) = E_0 \varepsilon(t) + \sum_{n=1}^{N} E_n D^{\alpha_n} \varepsilon(t) \tag{3.54}$$

其三维本构方程也可以表示为如式(3.50)、式(3.51)的形式：

$$P' S_{ij}(t) = Q' e_{ij}(t) \tag{3.55}$$

$$\sigma_{kk}(t) = 3K e_{kk}(t) \tag{3.56}$$

其中

$$P' = 1, Q' = G_k + \eta_k \frac{\mathrm{d}^\alpha}{\mathrm{d}t^\alpha} \tag{3.57}$$

当 α 为 1 时，其可退化为经典黏弹性本构模型。

（2）黏弹性半空间体受法向圆形均布荷载位移解

弹性半空间体边界上受法向圆形均布荷载引起的位移可以由布西内斯克解答叠加得到，而其黏弹性解答可以利用弹性-黏弹性对应原理求得。

如图 3.5 所示，弹性半空间体在边界上半径为 a 的圆形区域内作用均布法向力，其边界上距圆心为 r 的一点 M 的位移为[22]：

当 M 点位于均布荷载圆内（图 3.6）时

$$\omega_1=\frac{4(1-\upsilon^2)q_0a}{\pi E}\int_0^{\pi/2}\sqrt{1-\frac{r^2}{a^2}\sin^2\varphi}\,\mathrm{d}\varphi \tag{3.58}$$

当 M 点位于均布荷载圆外（图 3.7）时

$$\omega_2=\frac{4(1-\upsilon^2)q_0}{\pi E}\int_0^{\pi/2}\frac{a^2\cos^2\theta\,\mathrm{d}\theta}{r\sqrt{1-\frac{a^2}{r^2}\sin^2\theta}} \tag{3.59}$$

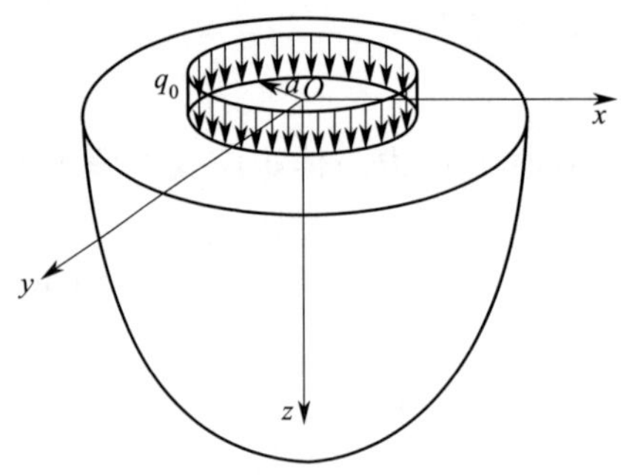

图 3.5　弹性半空间体边界上受法向均布荷载

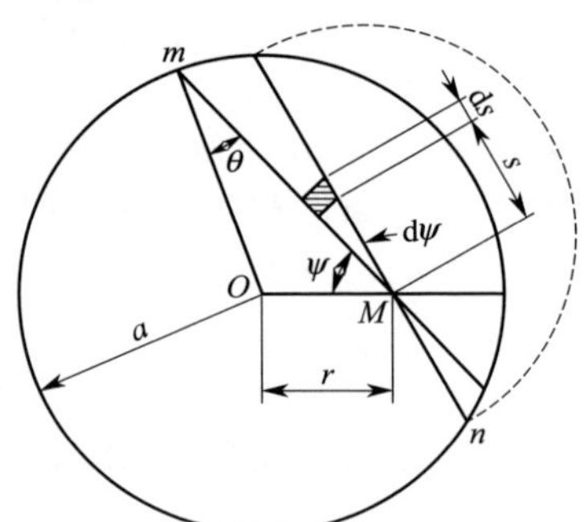

图 3.6　M 点位于均布荷载圆内

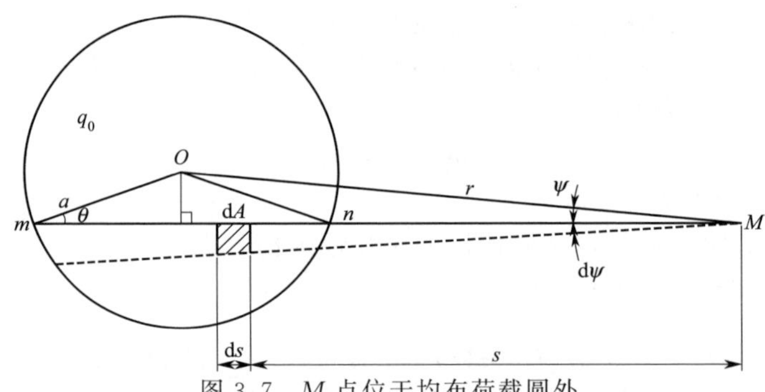

图 3.7　M 点位于均布荷载圆外

对式(3.50) 及式(3.53) 进行拉普拉斯变换并假设体积变化为弹性的，而畸变部分的流变性质符合开尔文模型，即：

$$P'(s)=1,P''(s)=1 \tag{3.60}$$

$$Q'(s)=G_k+\eta_k s,Q''(s)=3K \tag{3.61}$$

式中　G_k——黏弹性土基的弹性常数；

η_k——黏性常数。

弹性土基的弹性模量和泊松比的拉普拉斯变换为：

$$E(s)=\frac{3\overline{Q'}(s)\overline{Q''}(s)}{2\overline{P'}(s)\overline{Q''}(s)+\overline{P''}(s)\overline{Q'}(s)}=\frac{9K(G_k+\eta_k s)}{6K+G_k+\eta_k s} \tag{3.62}$$

$$\upsilon(s)=\frac{\overline{P'}(s)\overline{Q''}(s)-\overline{P''}(s)\overline{Q'}(s)}{2\overline{P'}(s)\overline{Q''}(s)+\overline{P''}(s)\overline{Q'}(s)}=\frac{3K-G_k-\eta_k s}{6K+G_k+\eta_k s} \tag{3.63}$$

设 $q(t)=q_0H(t)$，其中 $H(t)$ 为赫维赛德函数，则有

$$\bar{q}(s)=\frac{q_0}{s} \tag{3.64}$$

根据弹性-黏弹性对应原理，可求得半无限黏弹性基础受法向均布荷载下的位移解。当 M 点位于均布荷载圆内时：

$$\omega_1=\frac{4q_0a}{\pi}\left[\frac{1}{2G_k}(1-\mathrm{e}^{-\frac{t}{\tau_1}})+\frac{3}{2(6K+G_k)}(1-\mathrm{e}^{-\frac{t}{\tau_2}})\right]\int_0^{\frac{\pi}{2}}\sqrt{1-\frac{r^2}{a^2}\sin^2\varphi}\,\mathrm{d}\varphi \tag{3.65}$$

当 M 点位于均布荷载圆外时：

$$\omega_2=\frac{4q_0a}{\pi}\left[\frac{1}{2G_k}(1-\mathrm{e}^{-\frac{t}{\tau_1}})+\frac{3}{2(6K+G_k)}(1-\mathrm{e}^{-\frac{t}{\tau_2}})\right]\int_0^{\frac{\pi}{2}}\frac{a^2\cos^2\theta\mathrm{d}\theta}{r\sqrt{1-\frac{a^2}{r^2}\sin^2\theta}} \tag{3.66}$$

其中，$\tau_1=\frac{\eta_k}{G_k}$，$\tau_2=\frac{\eta_k}{6k+G_k}$。

（3）基于分数阶导数本构模型的黏弹性解

对式(3.57）进行拉普拉斯变换可以得到分数导数开尔文模型的弹性模量 E 和 υ 的拉普拉斯变换式为：

$$E(s)=\frac{3\overline{Q'}(s)\overline{Q''}(s)}{2\overline{P'}(s)\overline{Q''}(s)+\overline{P''}(s)\overline{Q'}(s)}=\frac{9K(G_k+\eta_k s^\alpha)}{6K+G_k+\eta_k s^\alpha} \tag{3.67}$$

$$\upsilon(s)=\frac{\overline{P'}(s)\overline{Q''}(s)-\overline{P''}(s)\overline{Q'}(s)}{2\overline{P'}(s)\overline{Q''}(s)+\overline{P''}(s)\overline{Q'}(s)}=\frac{3K-G_k-\eta_k s^\alpha}{6K+G_k+\eta_k s^\alpha} \tag{3.68}$$

因此，可得其竖向均布荷载作用下分数导数本构模型半无限黏弹性土基位移在拉普拉斯平面内的解，并利用：

$$L^{-1}\left[\frac{1}{(6K+G_k+\eta_k s^\alpha)s}\right]=\frac{1}{(6K+G_k)}\left[1-E_\alpha(-\frac{t^\alpha}{\tau_2})\right] \tag{3.69}$$

式中，$\tau_2=\frac{\eta_k}{6K+G_k}$，$E_\alpha$ 为含一个参数的米塔-列夫勒函数，$E_\alpha(t)=\sum_0^\infty\frac{t^n}{\Gamma(1+\alpha n)}$，可以求出土基位移为：

$$\omega_1=\frac{4q_0a}{\pi}\left\{\frac{1}{2G_k}\left[1-E_\alpha(-\frac{t^\alpha}{\tau_1})\right]+\frac{3}{2(6K+G_k)}\left[1-E_\alpha(-\frac{t^\alpha}{\tau_2})\right]\right\}\int_0^{\frac{\pi}{2}}\sqrt{1-\frac{r^2}{a^2}\sin^2\varphi}\,\mathrm{d}\varphi \tag{3.70}$$

$$\omega_2=\frac{4q_0a}{\pi}\left\{\frac{1}{2G_k}\left[1-E_\alpha(-\frac{t^\alpha}{\tau_1})\right]+\frac{3}{2(6K+G_k)}\left[1-E_\alpha(-\frac{t^\alpha}{\tau_2})\right]\right\}\int_0^{\frac{\pi}{2}}\frac{a^2\cos^2\theta\mathrm{d}\theta}{r\sqrt{1-\frac{a^2}{r^2}\sin^2\theta}} \tag{3.71}$$

(4) 算例分析

对式(3.70),此积分为第二类椭圆积分,可以从相应函数表中查得积分值,当 $r=0$ 时,即在圆心处有最大位移:

$$\omega_1=2q_0a\left\{\frac{1}{2G_k}\left[1-E_\alpha\left(-\frac{t^\alpha}{\tau_1}\right)\right]+\frac{3}{2(6K+G_k)}\left[1-E_\alpha\left(-\frac{t^\alpha}{\tau_2}\right)\right]\right\} \tag{3.72}$$

对式(3.71),右侧积分仍为椭圆积分,对不同的 a/r,积分值也可从函数表中查出,当 $r=a$ 时,式(3.71) 可简化为:

$$\omega_2=\frac{4q_0a}{\pi}\left\{\frac{1}{2G_k}\left[1-E_\alpha\left(-\frac{t^\alpha}{\tau_1}\right)\right]+\frac{3}{2(6K+G_k)}\left[1-E_\alpha\left(-\frac{t^\alpha}{\tau_2}\right)\right]\right\} \tag{3.73}$$

由式(3.72) 和式(3.73) 可以看出,圆心处的最大位移与均布荷载和荷载圆的半径成正比,圆心最大位移是荷载圆边界位移的 $\pi/2$ 倍,这与弹性力学的位移解的特性一致。

设分数导数型黏弹性土基本构关系参数分别为:$G_k=3.4\times10^5\text{N/m}^2$,$\eta_k=9.3\times10^8\text{N/m}^2$,$K=2.8\times10^5\text{N/m}^2$,$q_0=0.7\times10^6\text{N/m}^2$,$a=0.213\text{m}$。通过MATLAB编写程序计算可以得到边界表面 $r=0$ 和 $r=a$ 处的地表沉降随时间 t 的变化规律如图 3.8 和图 3.9 所示。

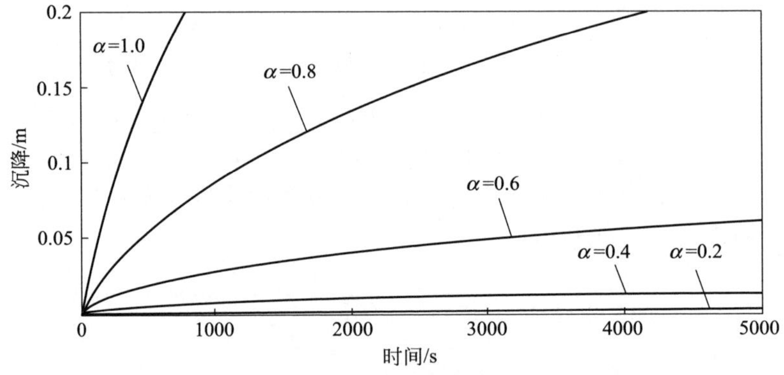

图 3.8 $r=0$ 处地表沉降随时间变化图

由图 3.8 和图 3.9 可以看出,采用分数导数黏弹性本构模型($0<\alpha<1$)计算的地表沉降具有时间记忆性,能够较好地模拟土基的时间效应;由此计算的地表沉降较经典的黏弹性模型($\alpha=1$)要小,且土基地表初始沉降速率随着分数阶数 α 的减小而逐渐变小;同时,对于经典的黏弹性本构模型,由于其阻尼原件为牛顿黏壶,从初始应变到最后应变将在很短的时间内完成,因而蠕变曲线起始阶段蠕变率较大,然后曲线开始呈水平发展,与实际情况不符,而采用分数阶本构模型可以通过调整 α 的大小,在较大的频域范围内较好地模拟土基的力学性能,具有更为广泛的适用性。

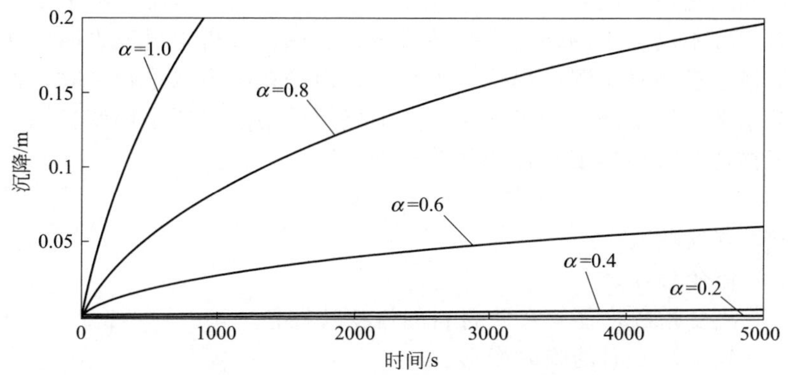

图 3.9　$r=a$ 处地表沉降随时间变化图

3.3.1.2　分数阶导数软土非线性流变本构模型

在我国的沿海和内陆地区广泛分布着软土，在软土上修建公路、机场等基础设施时必须解决软土的稳定和过量沉降等方面的问题，特别是在长期荷载作用下，软土地基的稳定和蠕变变形问题会更加突出[18]。因此深入开展软土蠕变特性的研究具有重要的现实意义和工程应用价值。

王常明等[23]对滨海软土的蠕变特性开展了详细研究，滨海软土表现出压缩性高、强度低等特点，而且还与应力的作用时间和应力水平相关，其流变特性呈现出来明显的非线性特点。描述软土的蠕变特性主要有两种方法：一是采用理论模型，即通过各种元件模型（用“弹簧”模拟研究对象的弹性，用“黏壶”模拟研究对象的黏性，用“滑块”模拟研究对象的塑形）或其组合的形式来描述软土的蠕变特性，这种方法物理概念清晰，表征参数意义明确，但是随着模型精度的要求，模型参数较多，求解困难，另外，模型理论对于软土的非线性蠕变特性的描述还有一定的困难；二是经验公式法，采用数学的方法，根据软土的实际蠕变试验结果得到的经验公式，这种方法具有精度高、计算方便等优点，比较适合描述非线性蠕变特性材料的蠕变变形。

该文分别选取营口、上海和珠海的软土为样本开展了不同应力水平条件下的软土蠕变特性研究，并基于 Singh-Mitchell 经验公式，提出了新的描述软土的蠕变特性方程为

$$\varepsilon=\frac{CS}{\sigma-bS}\left(\frac{t}{t_1}\right)^n \tag{3.74}$$

式中　C，b——反映土的结构特性、物质组成以及应力水平、历史对变形与强度的影响；

n——应变速率。

研究结果表明，新提出的模型能够描述软土的非线性蠕变特性。

张先伟等[24]通过对黄石淤泥质软土进行剪切蠕变研究，发现软土的蠕变变形在一定的应力水平条件下才能够表现出来，随着剪应力水平的提高，剪切蠕变变形

愈加明显，其蠕变模量随着时间的增长而逐渐下降，近似呈幂函数关系。并利用伯格斯模型对三种不同软土的蠕变试验结果进行了拟合分析，研究表明，在应力水平较低时，伯格斯模型对试验结果拟合得较好，但是在应力水平较高时，伯格斯模型拟合的相关系数有所下降。为了解决经典伯格斯模型描述软土蠕变特性的不足，作者又提出了描述非线性蠕变特性的经验模型为

$$\varepsilon(t)=A_0+A(\sigma)t^{\lambda}+Bt \tag{3.75}$$

式中 A——方程参数；

B——流变参数；

λ——流变指数，能够反映材料的流变特性；

A_0——软土蠕变时的瞬时变形。

A_0、A、B 和 λ 不仅与软土的力学特性有关，还与施加的应力水平有关。

利用经验模型对试验结果的拟合分析可知，经验模型比理论模型更能描述软土的蠕变特性，可以作为理论模型的有益补充。

刘林超、孙海忠、殷德顺等[25-27]利用分数阶导数开尔文模型对不同软土黏弹性流变进行了比较分析，取得了良好的效果。

何利军等[28]将麦克斯韦模型与开尔文模型串联得到伯格斯模型，利用分数阶导数软体元件替代麦克斯韦模型中的黏壶，得到修正的分数阶导数伯格斯模型，并按照遗传蠕变理论推导出对应的三维蠕变本构方程为

$$\varepsilon_{ij}=f_0(s_{ij},\sigma_m)+f(s_{ij})\int_0^t k(t)\mathrm{d}t \tag{3.76}$$

相应的蠕变方程表达式为

$$\varepsilon_{ij}=\frac{s_{ij}}{2G}+\frac{\sigma_m}{3k}\delta_{ij}+\frac{s_{ij}}{2G}\int_0^t k(t)\mathrm{d}t \tag{3.77}$$

利用GDS应力路径三轴仪对湛江海岸沉积层软土进行不同轴向偏应力（30kPa、65kPa、100kPa、135kPa、160kPa）条件下的蠕变试验，并利用模型对试验结果进行了拟合分析，结果表明修正的伯格斯模型比伯格斯模型拟合效果较好，并且能够适用各种围压的可描述软土的衰减曲线，具有一定的应用价值。

修正伯格斯模型的蠕变柔量的导数形式作为蠕变核函数来描述蠕变发展到不同阶段的蠕变曲线，但对于软土在高应力条件下的蠕变特性并未给出验证解答。

鉴于此，本书尝试基于分数阶导数理论，将线性弹壶、分数阶导数开尔文模型和变系数黏壶体串联构建一种新的非线性流变模型，对不同应力水平条件下的黏弹性软土特别是高应力状态下的蠕变特性进行研究分析。

(1) 变系数黏壶元件

软土的蠕变特性与所受应力水平有关，在高应力条件下，软土蠕变会出现加速蠕变阶段。利用黏性原件和塑性原件并联组合形成的黏塑性体模型能够描述软土的加速蠕变特性[12,29]，如图3.10所示。其中与时间相关的变系数黏壶黏滞系数取为：

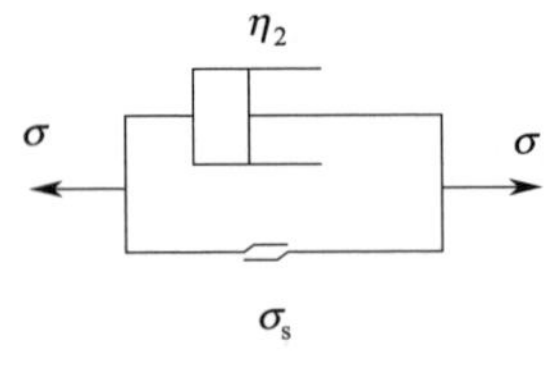

图3.10 黏塑性体

$$\eta_2(t)=\eta_2 e^{-r_2 t} \tag{3.78}$$

式中　η_2——材料黏性参数；

r_2——材料模型参数。

当施加荷载应力小于材料的屈服极限 σ_s 时，该模型不发生应变；当施加应力大于材料的屈服极限 σ_s 时，由与时间相关的变系数黏壶 η_2 产生变形，从而反映软土的黏塑性变形特性，其对应的本构方程为：

$$\sigma(t)=\eta_2 e^{-r_2 t}\frac{d\varepsilon(t)}{dt} \tag{3.79}$$

蠕变柔量为：

$$J_3(t)=\frac{1}{\eta_2 r_2}e^{r_2 t} \tag{3.80}$$

可以看出，当 $r_2>0$ 时，蠕变柔量 $J(t)$ 的变化率为增函数，因此其能够描绘软土在高应力条件下的加速蠕变特性。

(2) 软土分数阶导数流变本构模型的建立

为了使构建的模型能够描述不同应力水平下的软土蠕变特性，新构建的非线性模型由线性胡克体、分数阶导数开尔文黏弹性体和变系数黏塑性体串联组合而成，如图 3.11 所示，根据组合模型的理论有以下公式。

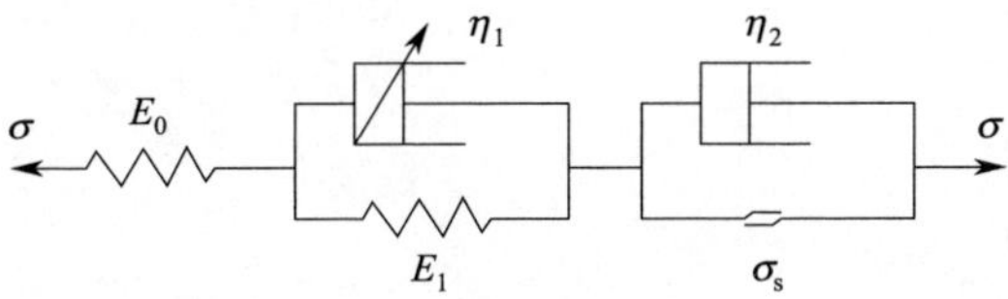

图 3.11　分数阶导数五元件模型

当 $\sigma<\sigma_s$ 时，组合模型中的黏塑性体仅传递应力而不发生变形，组合模型的蠕变柔量为

$$J(t)=\frac{1}{E_0}+\frac{1}{E_1}\left\{1-E_\alpha\left[-\left(\frac{t}{\tau_1}\right)^\alpha\right]\right\} \tag{3.81}$$

式中，$E_\alpha\left[-\left(\frac{t}{\tau_1}\right)^\alpha\right]=\sum_{n=0}^{\infty}(-1)^n\frac{\left(\frac{t}{\tau_1}\right)^{\alpha n}}{\Gamma(1+\alpha n)}$，$\tau_1=\frac{\eta_1}{E_1}$。

当 $\sigma>\sigma_s$ 时，组合模型中的黏塑性体参与工作，组合模型的蠕变柔量为

$$J(t)=\frac{1}{E_0}+\frac{1}{E_1}\left\{1-E_\alpha\left[-\left(\frac{t}{\tau_1}\right)^\alpha\right]\right\}+\frac{1}{\eta_2\gamma_2}e^{\gamma_2 t} \tag{3.82}$$

式中，$E_\alpha\left[-\left(\frac{t}{\tau_1}\right)^\alpha\right]=\sum_{n=0}^{\infty}(-1)^n\frac{\left(\frac{t}{\tau_1}\right)^{\alpha n}}{\Gamma(1+\alpha n)}$，$\tau_1=\frac{\eta_1}{E_1}$。

(3) 分数阶导数流变本构模型参数的确定与分析

软土的蠕变特性不仅与时间相关，还与应力水平相关。在低应力条件下，软土

主要表现为黏弹性质，软土蠕变柔量可用式(3.81）表示，模型的参数 E_0 为黏弹性软土加载时的瞬时弹性模量，可通过试验结果直接确定。E_1 和 η_1 为分数阶导数开尔文黏弹性体参数，α 为分数阶导数开尔文黏弹性体的分数阶导数阶数，E_1、η_1 和 α 均具有一定的物理意义，表明材料的黏弹特性，以上三个参数可以利用MATLAB非线性拟合工具对试验结果拟合分析得到。在高应力条件下，软土表现为黏弹塑性，E_0、E_1、η_1 和 α 的确定方法相同。η_2 反映软土在高应力条件下的塑性变形阶段的黏滞系数，r_2 为反映软土加速蠕变变化速度参数，η_2 和 r_2 可以通过对蠕变曲线分段拟合分析得到。

（4）分数阶导数流变本构模型验证

为了检验本模型的精度和适用性，分别选取香港海相软土[30]和上海淤泥质黏土[31]在不同应力水平下的蠕变试验结果进行验证和分析。

① 香港海相软土

本章参考文献［30］进行了不同应力下的香港海相软土蠕变试验，结果如图3.12所示。软土在低应力条件下（134kPa 和 189kPa)，其蠕变变形经过瞬时蠕变和衰减蠕变后趋于稳定，而在高应力条件下（243kPa)，蠕变变形最终进入加速蠕变而使土体发生破坏。

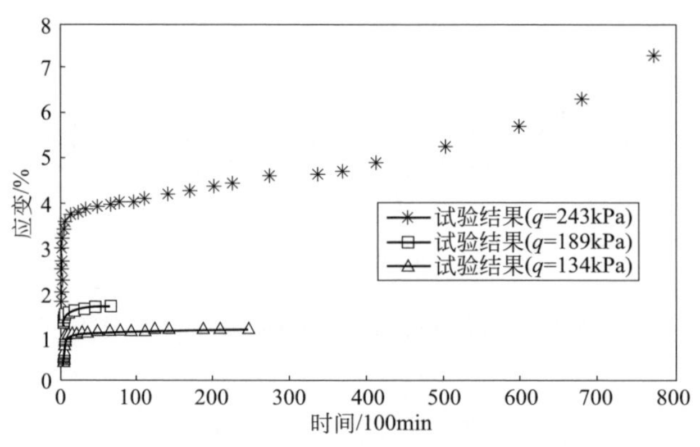

图 3.12 不同应力条件下蠕变试验结果

a. 低应力条件下蠕变试验数据拟合与分析 在低应力条件下，变系数黏壶不参与工作，本书构建的分数阶导数五元件模型简化为分数阶导数经典三元件固体模型，利用MATLAB软件对试验数据拟合，并与广义开尔文模型和伯格斯模型拟合结果进行了对比（见图3.13和图3.14)，拟合得到模型参数见表3.1。可以看出：

表 3.1 分数阶导数模型拟合参数

剪应力/kPa	E_0/kPa	E_1/kPa	η_1/(kPa·100min)	α	η_2/(kPa·100min)	γ_2
134	0.3854	0.3538	559.8	0.3112	—	—
189	0.3407	0.2420	157.6	0.3248	—	—
243	0.1406	0.1387	1255	0.332	3.388×10^4	8.089×10^{-6}

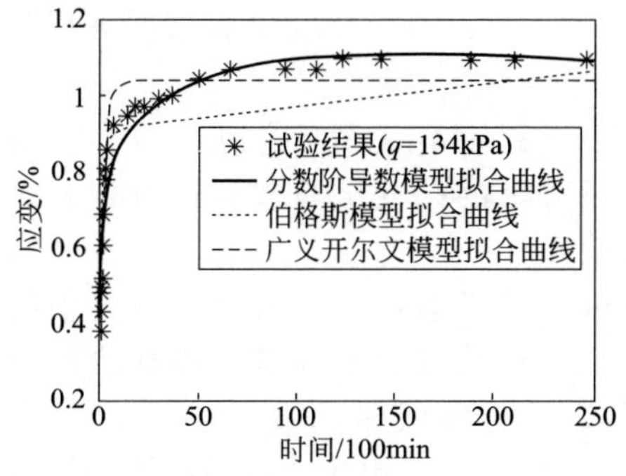

图 3.13　试验数据及各模型拟合曲线（134kPa）

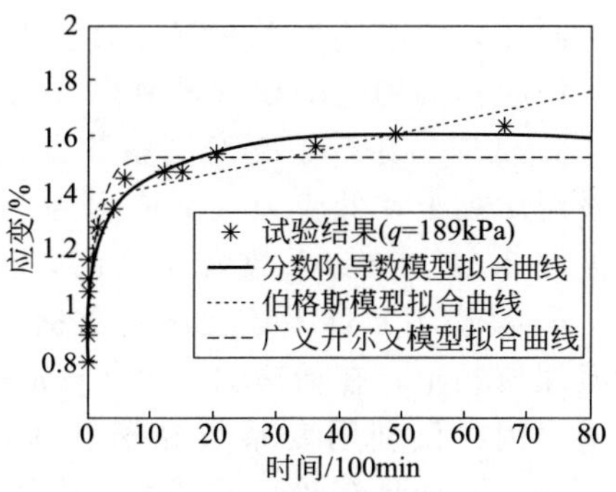

图 3.14　试验数据及各模型拟合曲线（189kPa）

Ⅰ. 软土在 134kPa 剪应力下，分数阶导数三元件模型拟合的整体精度最高，决定系数为 0.9932，其次为伯格斯模型，为 0.9796，再次为广义开尔文模型，决定系数为 0.9571，如图 3.13 所示。这与该软土在 189kPa 剪应力下的拟合精度结果一致。

Ⅱ. 在图 3.13 和图 3.14 中拟合曲线的拐点附近，广义开尔文模型和伯格斯模型拟合结果与实测值偏差较大，而分数阶导数三元件模型拟合效果较好。

Ⅲ. 随着软土蠕变时间的增长，广义开尔文模型拟合的数据偏小，而伯格斯模型拟合的数据偏大，且偏差随着时间的增长越来越大。而分数阶导数模型的拟合曲线能更精确地接近实测值，能更精确地反映软土的流变性能。这与孙海忠、刘林超等[25-27]人利用分数阶导数模型对软土在低应力条件下的蠕变特性研究结论一致。

b. 高应力条件下蠕变试验数据拟合与分析　在高应力条件下（243kPa），软土蠕变曲线具有加速蠕变特性，变系数黏壶参与工作，用同样的方法得到拟合曲线与参数结果，见图 3.15 和表 3.1，可以看出：

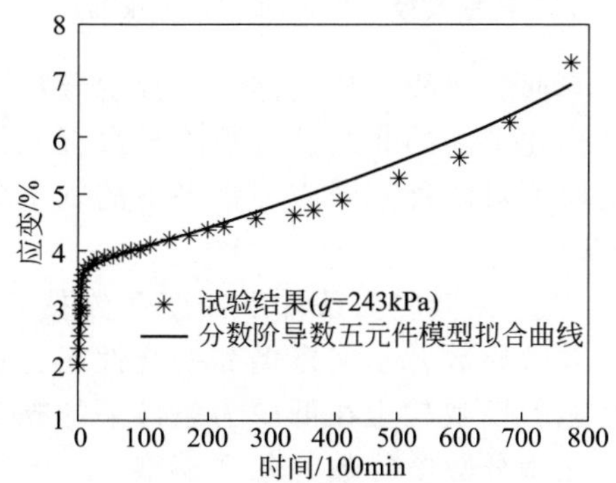

图 3.15　试验数据及分数阶导数五元件模型拟合曲线（243kPa）

Ⅰ. 随着应力水平的提高，反映材料弹性性能的参数 E_0 和 E_1 越来越小，反映材料黏性性能参数 α 越来越大，说明在高应力条件下，软土的黏性性能得到了充分的发挥。

Ⅱ. 分数阶导数五元件流变模型能够较好地反映软土在高应力条件下的初始瞬时变形、衰减蠕变、稳态蠕变和加速蠕变过程。整体拟合精度较高，整体决定系数达到 0.9696，且模型所需参数相对较少。

② 上海淤泥质黏土

同样利用本章参考文献［31］中的上海淤泥质黏土部分蠕变试验数据进行了验证，说明本书构建的模型具有广泛的适用性。

a. 低应力条件下蠕变试验数据拟合与分析　利用本章参考文献［31］中的上海淤泥质黏土在低应力（剪应力为250kPa）条件下的蠕变试验数据进行拟合，结果见图3.16，决定系数为0.9765，拟合精度较高。

b. 高应力条件下蠕变试验数据拟合与分析　对于本章参考文献［31］中的上海淤泥质黏土，在剪应力为334kPa条件下，蠕变曲线仅有加速蠕变破坏阶段应变曲线，因此仅利用变系数黏塑性体进行拟合，拟合曲线见图3.17，决定系数为0.9866，同样具有较高的精度。说明本章参考文献［31］构建的模型能够描绘软土在不同应力水平作用下的蠕变特性。

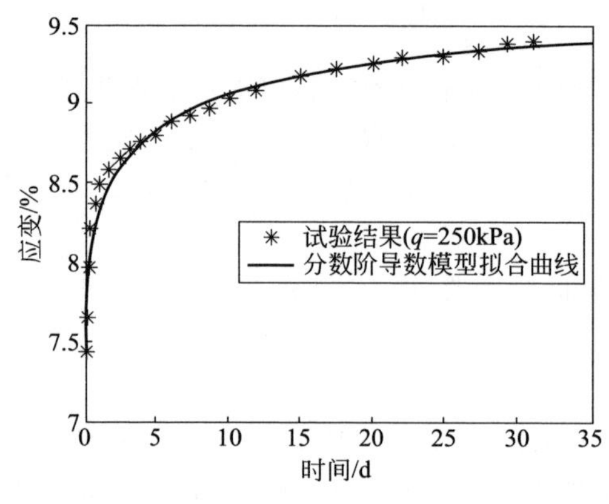

图3.16　上海淤泥质黏土试验数据及模型拟合曲线（250kPa）

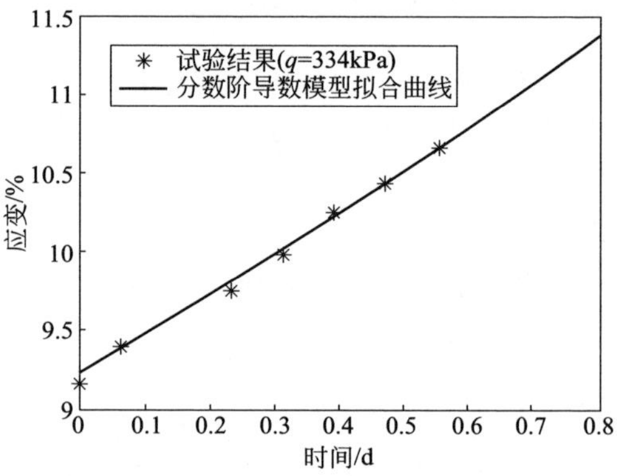

图3.17　上海淤泥质黏土试验数据及模型拟合曲线（334kPa）

通过将线性胡克体、分数阶导数开尔文模型和由变系数黏壶构建的黏塑性体串联构建了新的非线性分数阶导数五元件流变本构模型，给出了模型的理论解，并利用模型对两种不同应力水平下的软土蠕变试验数据进行了拟合分析，得出如下主要结论：

① 在低应力条件下，变系数黏壶不参与工作，分数阶导数五元件模型简化为分数阶导数开尔文模型和一线性胡克体串联模型，即分数阶导数三元件固体模型，其能够反映软土在低应力条件下的蠕变特性。如不考虑初始瞬时应变，模型进一步简化为分数阶导数开尔文模型。

② 在低应力条件下，与经典开尔文模型和伯格斯模型相比，分数阶导数三元件模型能够更好地拟合软土的蠕变曲线，并且模型所需参数较少，拟合精度较高。

③ 在高应力条件下，变系数黏壶参与工作，分数阶导数五元件模型即为修正的分数阶导数伯格斯模型，该模型能够较好地反映软土在高应力条件下的加速蠕变过程。

④ 由于土的蠕变特性与土性、应力历史、温度等相关，模型对于其他特定软

土的适用性有待进一步深入研究。

3.3.2　分数阶导数模型在高分子聚合物材料领域的应用简介

随着人们生活质量的不断提高，人们对减振降噪的要求越来越高。黏弹性阻尼减振技术开始得到重视和应用。高分子黏弹性阻尼材料能够将吸收的振动能量转化为热能并且有效地抑制共振峰，具有重要的工程应用价值。但是高分子黏弹性阻尼材料的本构模型建模难度较大，使用分数阶导数本构模型恰恰能够解决这一难题。

孙海忠[10]合成了一种新型阻尼材料，为甲基丙烯酸丁酯和聚硅氧烷的聚合体，并在 MTS 材料试验机上进行动态力学行为测试，然后基于分数阶导数理论利用分数阶导数开尔文模型的存储柔量［式(3.42)］和损耗柔量［式(3.43)］对试验结果进行最小二乘法数据拟合，得到的模型参数如下：

$$E_0=8.5926\times10^6\,\text{Pa};E_2\tau^\alpha=9.6958\times10^6\,\text{Pa}\cdot\text{s};\alpha=0.197$$

将模型参数代入式(3.42) 和式(3.43) 并绘出了存储柔量和损耗柔量随频率变化的曲线，如图 3.18 和图 3.19 所示。

通过利用分数阶导数本构模型对高分子黏弹性阻尼材料的动态力学特性的准确模拟，进一步说明了分数阶导数模型相对传统模型而言具有更为广泛的适用性和更高的精度。

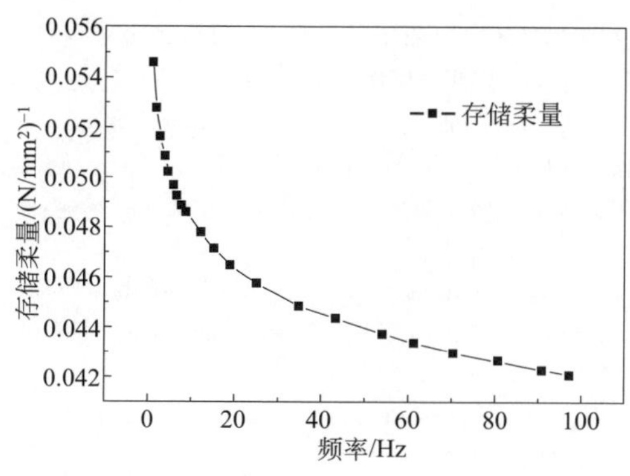

图 3.18　存储柔量随频率变化曲线

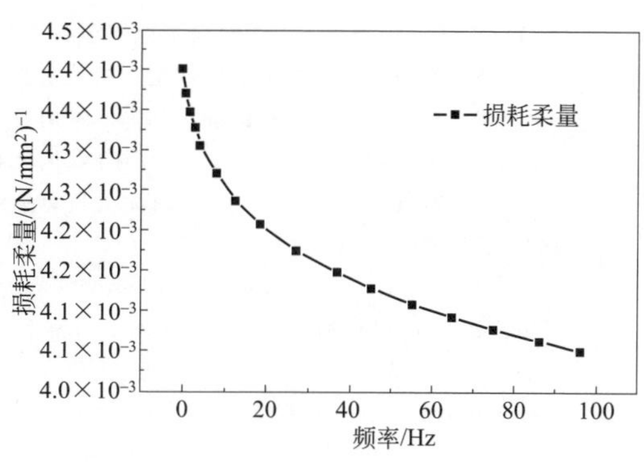

图 3.19　损耗柔量随频率变化曲线

3.4　本章小结

① 基于分数阶导数理论，分别构建了分数阶导数麦克斯韦模型、分数阶导数开尔文模型和分数阶导数五元件流变模型，给出了相应模型参数的表达式。

② 基于分数阶导数理论对圆形均布荷载作用下的黏弹性半空间体的地表变形

特性进行了分析；将线性弹壶、分数阶导数开尔文模型和变系数黏壶体串联构建了一种新的非线性流变模型，对不同应力水平条件下的黏弹性软土特别是高应力状态下的软土蠕变特性进行研究分析。

③ 对分数阶导数本构模型在高分子聚合物材料领域的应用进行了简单介绍，进一步验证了分数阶导数模型具有更为广泛的适用性和较高的精度，为下一步将其应用于描述沥青胶浆、沥青砂及沥青混合料的力学特性提供了理论基础。

本章参考文献

[1] 杨挺青，罗文波，徐平，等. 黏弹性理论与应用 [M]. 北京：科学出版社，2004：36-37.

[2] Bagley R L. Applications of Generalized Derivatives of Viscoelasticity [D]. Ohio，Wright-Patterson AFB：Air Force Institute of Technology，1979.

[3] Connolly. The numerical solution of fractions as solutions of the time-fractional diffusion equations [D]. Liverpool：University of Liverpool，2004.

[4] Caputo M. Elasticitae dissipazione [M] . Bologna：Zanichelli，1969.

[5] Koller R C. Application of fractional calculus to the theory of viscoelasticity，Transaction of the ASME [J]. Applied Mechanics，1984，51 (2)：299-307.

[6] Kilbas A A. Srivastava H M，Trujillo J J. Theory and applications of fractional differential equations [M]. Amester-dam：Elsevier，2006.

[7] 南京工学院数学教研组. 积分变换 [M] . 第三版. 北京：高等教育出版社，2003：46-47.

[8] Podlubny I. Fractional differential equations [M]. California，USA：ACADEMIC PRESS，1999：41-96.

[9] 陈文，孙洪广，李西成. 力学与工程问题的分数阶导数建模 [M]. 北京：科学出版社，2010：20-21.

[10] 孙海忠. 高分子材料的分数导数型本构关系及其应用 [D]. 广州：暨南大学，2006.

[11] 肖世武. 基于分数阶导数的静态黏弹性本构模型与应用 [D]. 湘潭：湘潭大学，2011.

[12] 康永刚，张秀娥. 岩石蠕变的非定常分数伯格斯模型 [J]. 岩土力学，2011，32 (11)：3237-3248.

[13] 姚兆明，周洋，徐颖，等. 人工冻土遗传分数阶导数加速伯格斯蠕变模型 [J]. 工业建筑，2013，43 (11)：73-76.

[14] J. G. Liu，M. Y. Xu. Higher-order fractional constitutive equations of viscoelastic materials involving three different parameters and their relaxation and creep functions [J]. Mech Tine-Depend Mater，2006，10：263-279.

[15] A. Arikoglu . A new fractional derivative model for linearly viscoelastic materials and parameter identification via genetic algorithms [J]. Rheol Acta，2014，53：219-233.

[16] 徐芝纶. 弹性力学 [M] . 第 2 版. 北京：高等教育出版社，1982. 291-295.

[17] 王云岗，林宏剑. 竖向圆形荷载作用下弹性地基半空间问题的解析解 [J]. 岩土力学，2007，S1：259-262.

[18] 郑刚，龚晓南，谢永利，等. 地基处理技术发展综述 [J]. 土木工程学报. 2012，45 (2)：127-146.

[19] 蔚旭灿，郑传超. 圆形均布荷载作用下半空间伯格斯模型粘弹性体的理论解 [J]. 西安建筑科技大学学报. 自然科学版，2008，40 (6)：863-867.

[20] 何利军，孔令伟，吴文军，等 . 采用分数阶导数描述软黏土蠕变的模型 [J] . 岩土力学，2011 (s2)：239-243.

[21] Nobuyuki SHIMIZU，Wei ZHANG. Fractional calculus approach to dynamic problem of viscoelastic materials [J]. JSME International Journal Series C，1999，42 (4)：827-830.

[22] 徐芝纶. 弹性力学 [M]. 第 2 版 . 北京：高等教育出版社，1982：292.

［23］ 王常明，王清，张淑华．滨海软土蠕变特性及蠕变模型［J］．岩石力学与工程学报，2004，23（2）：227-230.

［24］ 张先伟，王常明，王钢城，等．黄石淤泥质土的剪切蠕变特性及模型研究［J］．吉林大学报：地球科学版，2009，39（1）：119-125.

［25］ 刘林超，闰启方，孙海忠．软土流变特性的模型研究［J］．岩土力学，2006，S1：214-217.

［26］ 孙海忠，张卫．一种分析软土黏弹性的分数导数开尔文模型［J］．岩土力学，2007，28（9）：1983-1986.

［27］ 殷德顺，任俊娟，和成亮，等．一种新的岩土流变模型元件［J］．岩石力学与工程学报，2007，29（9）：1899-1903.

［28］ 何利军，孔令伟，吴文军，等．采用分数阶导数描述软黏土蠕变的模型［J］．岩土力学，2011，S2：239-249.

［29］ 孔令伟，何利军，张先伟．湛江黏土的蠕变模型与变参数塑性元件［J］．岩土力学，2012，33（8）：2241-2246.

［30］ Teresa M. Bodas Freitas，David M. Potts，Lidija Zdravkovic. A time dependent constitutive model for soils with isotach viscosity［J］. Computers and Geotechnics，2011，38：809-820.

［31］ 孙钧．岩土材料流变及其工程应用［M］．北京：中国建筑工业出版社，1999：83-89.

第 4 章

基于分数阶导数理论的沥青胶浆流变性能

4.1 概述

按照胶浆理论，沥青混合料是由粗分散系、细分散系（沥青砂浆）和微分散系（沥青胶浆）组成的多级空间网状胶凝结构，在这三级分散系中，沥青胶浆最为重要。沥青胶浆是由矿粉填料与沥青按照一定比例拌制而成，其组成和性质直接影响沥青混合料的路用性能。填料在沥青混合料中主要起两方面作用，一是填充矿料间隙，二是悬浮在沥青中形成沥青胶浆。沥青胶浆结构形式复杂，在沥青混合料中既起到填充作用，也起到黏结作用。沥青与矿粉之间存在着相互作用，这与沥青本身材料成分、结构组成和黏性相关，还与矿粉材料的物理性质和化学性质相关。例如，碱性矿粉吸附沥青的能力较酸性矿粉强。在进行科学研究时，沥青胶浆的测试简单可行，而且受粗集料级配变化的影响较小，测试数据稳定，因此，通过研究沥青胶浆的性能来表征沥青混合料的路用性能具有一定的优势。

沥青材料在车辆荷载的作用下承受车辆动态循环荷载的作用，沥青混合料在动态循环荷载的作用下的动态力学特性及应变均与静荷载作用下的响应有很大区别，因此，深入开展沥青胶浆在动态荷载作用下的力学响应十分必要。

沥青胶浆是典型的黏弹性材料，常用经典的元件模型描述其力学性能[1]，元件模型主要由弹簧元件和黏壶元件构成，不同的元件数量及组合形式构成了麦克斯韦、开尔文、开尔文-沃伊特、广义麦克斯韦、广义开尔文、广义开尔文-沃伊特、伯格斯等模型。近几十年来，国外许多学者[2-6]以及国内的刘丽[7]、张争奇[8]、耿韩[9]等先后采用传统的力学理论对沥青胶浆的性能进行了深入研究，取得了大量的研究成果。

但是如前两章所述，传统的力学模型存在参数多、参数确定不便和不能精确描述黏弹性材料的力学特性等缺点，而分数阶导数本构模型能够弥补这方面的不足。因此，我们可以基于分数阶导数理论对沥青胶浆的力学特性进行深入研究，建立分数阶导数沥青胶浆黏弹性本构模型，合理确定本构模型参数，进而帮助我们深入了解沥青胶浆力学性质，这也是预测和评价沥青胶浆和沥青混合料长期路用性能的基础。

鉴于此，本章利用动态剪切流变仪和弯曲梁流变仪进行不同粉胶比沥青胶浆在不同温度条件下的动态剪切流变试验和弯曲梁流变试验，基于分数阶导数理论研究沥青胶浆的动态力学特性和低温流变性能。

4.2 沥青胶浆动态剪切流变性能

刘丽[7]针对沥青胶浆的评价技术指标不足等问题，自行研制了锥入度试验和低温弯曲试验，并对各种矿粉填料、基质沥青和不同粉胶比（粉胶比分别为0.6、0.8、1.0、1.2）的沥青胶浆进行了系统试验，提出了新的评价指标，结果表明：用针入度和延度试验评价沥青胶浆的高温性能和低温性能存在一定的不足，主要是因为针入度试验和延度试验结果离散性较大；在90℃和110℃温度条件下，基质沥青表现出牛顿流体的特性，布氏旋转黏度与转子的转速无关，而沥青胶浆表现出非牛顿流体的特性，布氏旋转黏度随着转速的增加而减少，考虑到基质沥青中加入矿粉能够增加沥青胶浆的软化点（提高2～15℃），因此，沥青胶浆表现出牛顿流体特性的温度应该会更高；通过对基质沥青、不同粉胶比的沥青胶浆进行锥入度抗剪强度等试验，建立锥入度抗剪强度和60℃抗车辙因子$G/\sin\delta$和布氏旋转黏度（135℃和165℃）之间的相关关系，表明利用锥入度抗剪强度来可以作为沥青胶浆高温性能的评价指标，并给出了建议锥入度试验条件（温度40℃，质量200g）；同时，试验结果及数据分析表明，可以将低温弯曲试验作为评价沥青胶浆的低温性能指标。

张争奇等[8]认为沥青混合料的黏弹性性能和流变性质与沥青与矿粉的性质、比例等因素都有一定关系。为此，对沥青与矿粉的组成构成变化、粉胶比变化等对沥青混合料路用性能的影响进行了相关研究，并尝试使用纤维替代部分矿粉并研究其对沥青混合料的高低温性能影响。研究结果表明：沥青混合料的路用性能受沥青与矿粉的比例影响较大，在沥青混合料设计时需要根据实际情况进行调整；加入纤维后，沥青混合料的高低温性能都得到了改善；减小粉胶比，在沥青混合料中添加适量纤维，沥青混合料的高低温性能得到了改善。

耿韩等[9]研究了矿粉胶浆、水泥胶浆、粉煤灰胶浆，以及老化矿粉胶浆中粉胶比和温度对沥青胶浆蠕变劲度、车辙因子、疲劳因子等参数的影响，进而探讨了对沥青混合料路用性能的影响。研究结果表明：沥青胶浆的性能受沥青粉胶比变化和温度变化影响较大，粉胶比越大，高温性能有所提高，但是低温性能降低；沥青结合料的路用性能与温度之间具有指数函数关系；沥青胶浆的蠕变劲度参数与温度和粉胶比有一定相关关系，即服从指数关系。

流变学是研究材料变形与流动的科学，沥青材料流变学主要是研究沥青及沥青混合料等材料在温度和荷载作用下的黏弹性能[10]。沥青材料在使用过程中并非完全胡克弹性或者完全牛顿液体，外界环境温度不同，沥青材料表现出不同的力学性能。在冬季，沥青材料主要表现出弹性性质，在夏季高温地区，沥青材料表现出黏弹性性质。

沥青路面在实际使用过程中所受荷载不是静止荷载，而是如图4.1(a)所示的双向交替荷载，通常将这种荷载简化成如图 4.1(b) 所示的正弦周期荷载。因此，要想全面掌握沥青路面结构的实际受力状况，必须深入研究沥青及沥青混合料的动态黏弹性力学性能[1,11]。近些年来，越来越多的学者采用振动荷载研究黏弹性材料的动态力学性能。

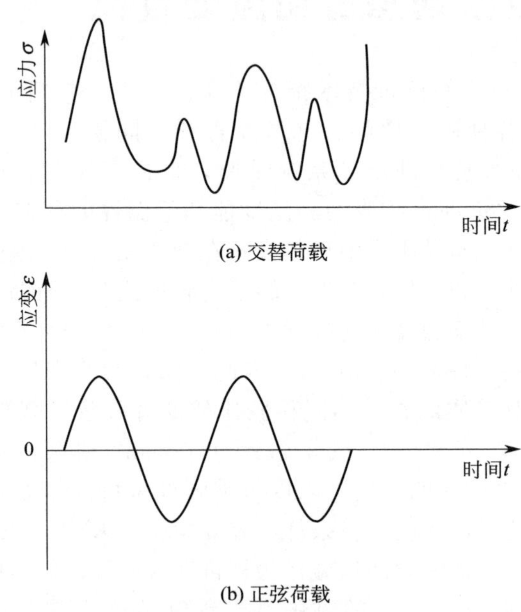

(a) 交替荷载

(b) 正弦荷载

图 4.1 车辆振动荷载示意图

沥青路面在如图 4.1(b) 所示交变应力作用下，黏弹性材料的动态力学性能非常复杂，材料受到交变应力作用及其应变响应可以表示为

$$\sigma=\sigma_0\sin(\omega t+\delta) \tag{4.1}$$

$$\varepsilon=\varepsilon_0\sin\omega t \tag{4.2}$$

式中 σ——任意时刻 t 的应力，是时间的函数，随着时间交替变化；

σ_0——交变应力最大值，简称应力幅值；

ω——角频率；

ωt——相位角；

δ——应力与应变相位角的差值，也称滞后角；

ε——任意时刻 t 的应变，是时间的函数，随着时间交替变化；

ε_0——交变应变最大值，简称应变幅值。

用复数形式表示的应力 σ^* 和应变 ε^* 为

$$\sigma^*=\sigma_0 e^{i(\omega t+\delta)} \tag{4.3}$$

$$\varepsilon^*=\varepsilon_0 e^{i\omega t} \tag{4.4}$$

其复模量为

$$E^*=\frac{\sigma^*}{\varepsilon^*}=\frac{\sigma_0}{\varepsilon_0}e^{i\delta}=|E^*|e^{i\delta}=|E^*|(\sin\delta+i\cos\delta)=E'+iE'' \tag{4.5}$$

其中，

$$E'=|E^*|\cos\delta \tag{4.6}$$

$$E''=|E^*|\sin\delta \tag{4.7}$$

$$\tan\delta=\frac{E''}{E'} \tag{4.8}$$

式中 E'——存储模量；

E''——损耗模量；

$\tan\delta$——损耗因子。

对于构成沥青混合料的沥青胶浆来说，由于沥青胶浆的动态力学特性更能反映材料在车辆荷载的作用下的黏弹力学行为。因此，邹桂莲[12]、张争奇[13]、李智慧[14]、冯浩[15]、李华[16]、马慧莉[17] 等都利用动态剪切流变仪对不同粉胶比沥青胶浆的动态力学特性进行了研究，得到的结论是随着粉胶比的增大，沥青胶浆的高温性能改善，但是沥青胶浆的低温性能变差，因此，为了满足沥青混合料路用性能要求，需要综合考虑沥青混合料的高温性能和低温性能，合理确定沥青胶浆的粉胶比。

李智慧等[18] 利用3种不同的矿粉制备出8种不同粉胶比的沥青胶浆，并利用动态剪切流变仪和弯曲梁流变仪对上述沥青胶浆进行重复蠕变试验，研究基于重复蠕变劲度的黏性部分（E_v 值）作为沥青胶浆高温评价指标的可行性，E_v 值越大，沥青混合料的抗车辙能力越强。试验结果表明，沥青胶浆的 E_v 值随着粉胶比的增大而增大，但其增加幅度有所不同，沥青胶浆的 E_v 增加的幅度经历了缓慢增长阶段（粉胶比在0～0.9范围内）、迁移增长阶段（粉胶比在0.9～1.5范围内）和迅速增长阶段（粉胶比在1.5～2.1范围内）。利用蠕变劲度模量来评价沥青胶浆的低温性能，试验结果表明，沥青弯曲蠕变劲度模量随着粉胶比的增大而增大，但是增加的幅度有所区别，增加的幅度也经历了缓慢增长阶段（粉胶比在0～0.9范围内）、迁移增长阶段（粉胶比在0.9～1.5范围内）和迅速增长阶段（粉胶比在1.5～2.1范围内），近似符合指数函数模型。提出了利用 E_v 值和 S 值随粉胶比变化规律的两条双直线的交点确定最佳粉胶比的新方法。

为了进一步探讨粉胶比对沥青混合料的路用性能的影响，郑南翔等[19] 以克拉玛依90号沥青、辉长岩集料和石灰岩矿粉为原材料，掺加0.3%的AST-Ⅲ抗剥落剂对不同粉油比沥青混合料的路用性能进行了试验研究，认为当粉油比在1.07～1.45时，沥青混合料各项路用性能均能达到较优，并可根据某些特别性能要求适当调整以上粉胶比。张争奇等[8] 采用玄武岩石料、盘锦90号沥青为原材料，参考我国现行规范中的AC-16级配并借鉴SHRP级配思想对级配进行微调，同时在混合料中加入0.3%的木质素纤维以便研究纤维对沥青胶浆性能的影响，通过研究得出随着粉胶比的减小，沥青胶浆及混合料的高温性能降低，但加入适量纤维可显著改善沥青混合料的低温柔性和低温松弛能力，同时也能大幅度提高混合料高温性能。

李晓民等[20] 利用掺加不同种类（球状和杆状）和不同剂量（13%和15%）的硅藻土制备改性沥青胶浆并进行了动态黏弹特性研究。结果表明，加入硅藻土后的沥青胶浆的高温性能得到明显提升，同时也能提高沥青混合料的高温稳定性，相对基质沥青混合料，加入硅藻土后的沥青混合料的动稳定度能够提高 25%；另外，加入硅藻土后的沥青混合料的水稳定性得到了明显提高，冻融强度比能够提高 33%；利用杆状硅藻土制备的沥青胶浆性能更优，但加入硅藻土会降低沥青胶浆的疲劳性能。

不同的粉胶比影响着沥青胶浆的黏附性及黏弹性性能，进而影响沥青混合料的路用性能，因此，樊英华[21] 通过对粉胶比分别为 0.4、1.2、1.6 和 2.0 的沥青砂浆进行动态剪切流变试验以及弯曲梁流变试验，并以粉胶比为 0.66、1.33 以及 1.82 采用旋转压实成型的方法制备混合料，然后进行体积指标测试和车辙试验，最终确定粉胶比为 1.33 的沥青混合料具有较佳的路用性能。

刘玉龙等[22] 采用 AH-90 石油沥青进行密集配 AC-16 沥青混合料配合比设计，并对粉胶比分别为 0. 8、0. 9、1. 0、1. 1、1. 2、1. 3、1. 4 七个水平的沥青混合料进行了车辙试验、低温弯曲试验、浸水马歇尔试验和冻融劈裂试验，认为在进行沥青混合料配合比设计时，综合考虑各项路用性能指标，粉胶比宜控制在 0.9～1.2 范围内。

浇筑式沥青混凝土是在高温条件下（230℃左右），沥青混凝土不需要碾压就能达到需要密实度，浇筑式沥青混凝土具有矿粉含量高、沥青含量高和施工温度高等特点，其中沥青混凝土中的沥青胶浆含量是普通沥青混凝土的两倍，因此，沥青胶浆的性能对沥青混凝土的性能影响作用更大，因此张华等[23] 在进行浇筑式沥青混凝土设计时需要严格控制沥青的粉胶比及沥青用量。利用动态剪切流变仪和弯曲梁流变仪对粉胶比分别为 2.2、2.6、3.0、3.4、3.8 进行了动态剪切流变试验和弯曲梁流变试验，试验结果表明：基于沥青与矿粉交互作用分析得到浇筑式沥青胶浆最佳粉胶比在 3.0～3.4 之间；沥青胶浆高低温性能存在缓慢、迁移和迅速增长 3 个阶段。

由于沥青胶浆的动态力学特性更加符合沥青胶浆材料的实际使用状况，因此以上研究大都利用动态剪切流变仪对沥青胶浆的动态力学特性进行研究，并基于沥青胶浆高低温性能或沥青混合料路用性能评价指标确定了合理的粉胶比范围，同时结合具体情况提出了沥青胶浆改性的方法，进一步对沥青混合料路用性能进行了研究分析。但是鲜有人开展沥青胶浆黏弹性本构模型方面的研究工作，而这是描述沥青胶浆动态力学特性的重要基础。因此，本章基于分数阶导数理论，分别对不同粉胶比沥青胶浆的高低温黏弹性变形特性及机理进行系统研究及分析，建立沥青胶浆的分数阶导数黏弹性本构模型，提出沥青胶浆抗变形能力及黏弹性能评价指标，进而为沥青混合料的配合比设计提供理论基础和依据。

4.2.1 沥青胶浆制备

4.2.1.1 原材料基本性质

（1）填料

填料为石灰石矿粉（0.075 mm 通过率为 100%），对矿粉试样进行 X 射线衍射分析（如图4.2所示），主要包含了$CaCO_3$、$CaMg(CO_3)_2$和SiO_2衍射峰，矿粉密度为2.814g/cm^3，亲水系数为0.86。

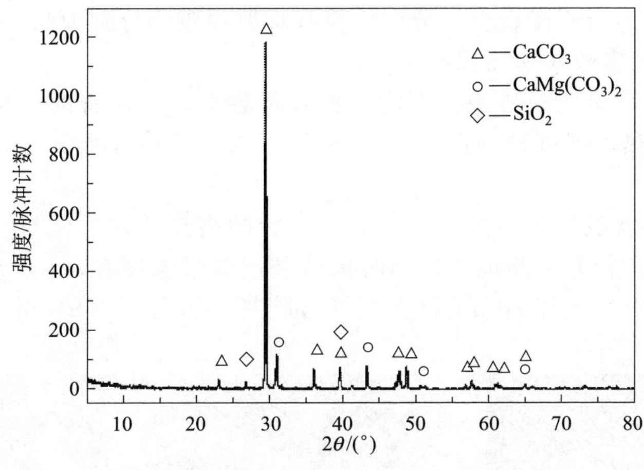

图4.2 矿粉X射线衍射图谱

（2）沥青

沥青为重交70号A级道路石油沥青。其基本技术性质[24]测试结果见表4.1。

表4.1 沥青基本技术指标

项目		单位	测定值
针入度(100g,5s)	5℃	0.1mm	6.7
	15℃	0.1mm	17.9
	25℃	0.1mm	60.6
针入度指数PI值			−1.04
当量软化点T800		℃	49.7
当量脆点T1.2		℃	−10.4
延度	15℃	cm	35.6
	5℃	cm	1.4
	软化点	℃	48.3

4.2.1.2 试样制备方法及步骤

沥青胶浆是由填料与沥青共混搅拌制备而成，搅拌效果对沥青胶浆的性能影响较大，搅拌速度过小，填料容易发生沉淀现象，特别是粉胶比较大时，填料更加不容易与沥青充分混合，进而不能够真实反映粉胶比对沥青胶浆性能的影响。使用高速剪切乳化机可有效解决这些问题，沥青及矿粉在多层转子和定子之间的间隙内高速运动，形成强烈的剪切力和湍流，同时产生离心挤压、碾磨、碰撞等综合作用，最终使沥青和矿粉混合均匀，并且在搅拌过程中不会混入沥青胶浆中气泡，最终使矿粉和沥青充分混合达到理想要求。

本书使用上海弗鲁克FA60型高速剪切乳化机［如图4.3(a)所示，参数见表4.2］对矿粉与沥青进行搅拌，具体制备工艺如下。

① 参照沥青混合料配合比，分别计算并称取粉胶比分别为0.62、0.82、1.02、1.22和1.42的沥青胶浆所需原材料。

② 将高速剪切乳化机机头、所需填料及将装有基质沥青的铁桶放入电热恒温鼓风干燥箱内加热，温度控制在(135±5)℃以内，待基质沥青完全熔化后保温4h以上待用。

③ 将上述沥青放置于转速为4000r/min转的高速剪切乳化机下进行搅拌，向沥青中分次加入矿粉并不断搅拌，同时保持共混胶浆温度在(140±5)℃以内，待所有矿粉加完后继续搅拌30min制备成沥青胶浆，如图4.3(b)所示。

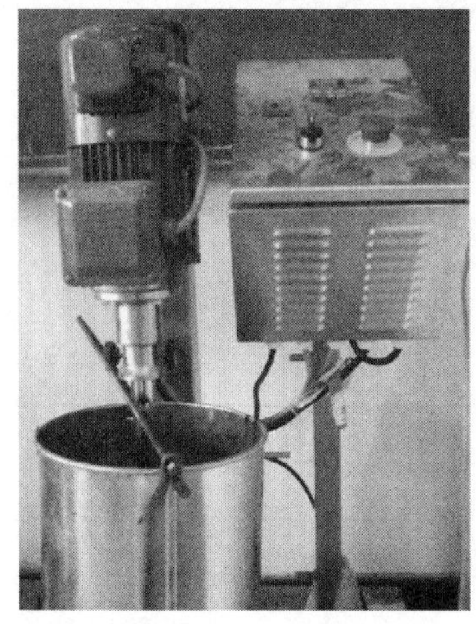

(a) 上海弗鲁克FA60型高速剪切乳化机

(b) 高速剪切乳化机生产沥青胶浆

图4.3 沥青胶浆制备

表4.2 弗鲁克FA60型高速剪切乳化机

功率	750W
最大处理黏度	5000mPa·s
速度范围	300～6000r/min
标准工作头配置	60F

4.2.2 动态剪切流变试验

(1) 试验仪器及步骤

动态剪切流变仪(Dynamic Shear Rheometer，简称DSR)主要用于评价高分子材料流变特性，是美国公路战略研究计划(Strategic Highway Research

Program，简称 SHRP 计划）中用于评价沥青胶结料高温稳定性能和疲劳耐久性的标准仪器。

美国 TA 公司最新推出了 Discovery 系列流变仪（Discovery Hybrid Rheometer，简称 DHR），DHR 流变仪采用了托杯马达、第二代磁悬浮轴承、力再平衡传感器等多项最新技术，全面提升了测试性能和技术指标，本文所用的流变仪为 DHR-1 型剪切流变仪（图 4.4），技术指标如表 4.3 所示。

图 4.4　DHR-1 型剪切流变仪

表 4.3　DHR-1 型剪切流变仪技术指标

名　　称	技术参数	名　　称	技术参数
止推轴承	磁悬浮	最小角速度/(rad/s)	0
径向轴承	多孔碳	最大角速度/(rad/s)	300
马达设计	托杯马达	位移传感器	光学编码器
动态最小扭矩/(nN·m)	10	位移分辨率/nrad	10
稳态最小扭矩/(nN·m)	20	法向/轴向力传感器	FRT
最大扭矩/(nN·m)	150	最大法向力/N	50
扭矩分辨率/(nN·m)	0.1	法向力灵敏度/N	0.01
最小频率/Hz	1.00E-07	法向力分辨率/mN	1
最大频率/Hz	100		

（2）试验条件确定

① 线黏弹性范围的确定　剪切流变仪测试原理是基于流变学线黏弹性假设，为了保证沥青胶浆处于小应变线黏弹性范围内[25]。对基质沥青和粉胶比为 1.42 的沥青胶浆进行应变扫描试验，结果如图 4.5 所示。从图中可以看出：随着粉胶比的增大，线黏弹性应变范围逐渐降低；同一粉胶比条件下，温度越低，线黏弹性范围

也越小。因此，为保证所有试样均能处于线黏弹性范围内，并考虑试验数据分析需要，最终确定在进行频率扫描时的应变幅值为 0.1%。

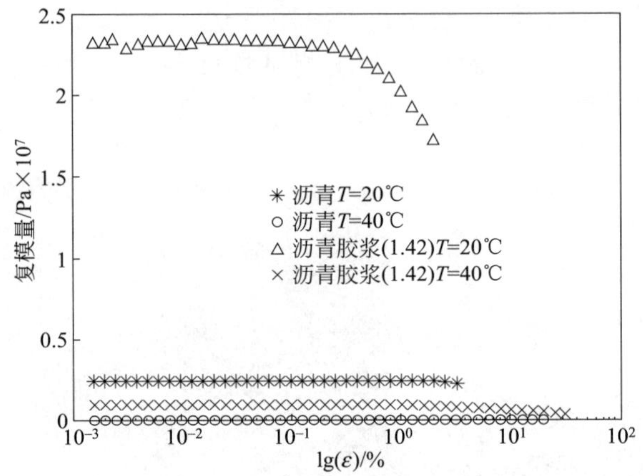

图 4.5　沥青胶浆应变扫描试验结果

② 剪切流变试验条件确定　由于动态剪切流变仪主要用于评价沥青胶结料的高温性能，结合本书的研究目的，选定的试验温度分别为 20℃、30℃、40℃和 50℃，试验温度不同，所选用的金属平行板直径也不相同。当温度等于及低于 40℃时选用 8mm 金属平行板，沥青膜厚度为 2000μm；当温度高于温度 40℃时，间隙为 2000μm 的 8mm 金属平行板之间的沥青胶浆容易流淌而出现“局部脱空”进而导致试验数据失真，因此，温度为 50℃时选用 25mm 金属平行板，沥青膜厚度为 1000μm。频率扫描范围为 1～200Hz。

4.2.3　沥青胶浆动态频率扫描试验结果分析

沥青胶浆动态频率扫描试验结果如图 4.6 所示。

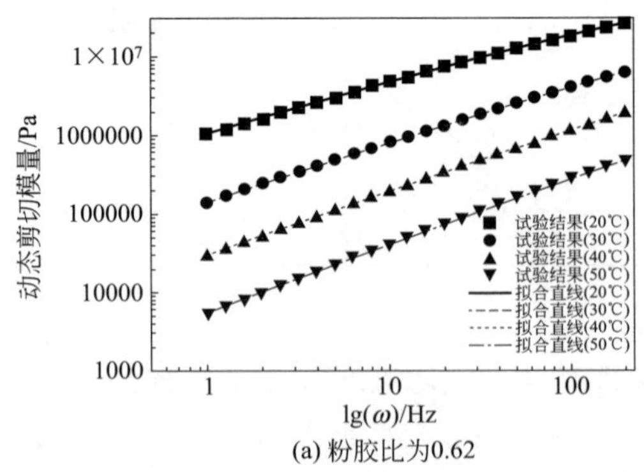

(a) 粉胶比为0.62

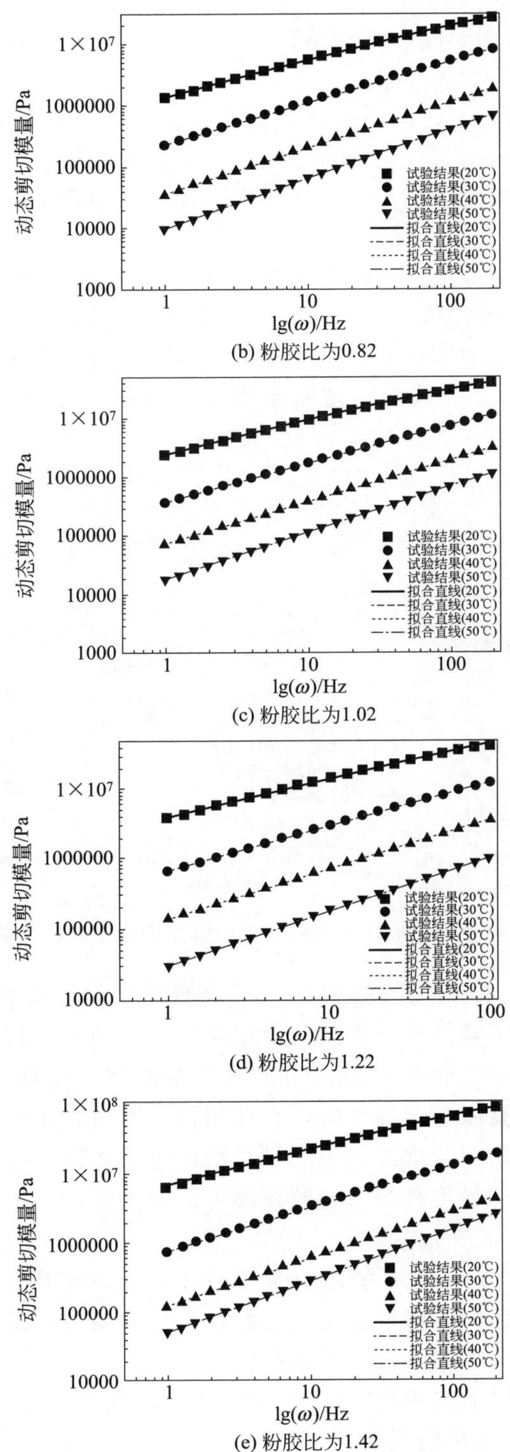

(b) 粉胶比为0.82

(c) 粉胶比为1.02

(d) 粉胶比为1.22

(e) 粉胶比为1.42

图 4.6　不同粉胶比的沥青胶浆动态频率扫描试验结果及拟合直线

由图 4.6 可以得到以下结论。

① 在对数坐标系中，同一温度条件下，任一粉胶比的沥青胶浆的复数剪切模量随着角频率的增加而线性增加。

② 在不同温度条件下，同一粉胶比的沥青胶浆的复数剪切模量均随着温度的增加而减小，说明其抗变形能力随着温度的升高而降低。对于不同粉胶比的沥青胶浆，复数剪切模量随着粉胶比的增大而增大。说明矿粉含量的增大提高了沥青胶浆的抗变形能力。

在 Superpave 技术中，以最高路面设计温度下沥青结合料动态剪切流变试验指标 $G^*(\omega)/\sin\delta$（抗车辙因子）[26] 作为沥青结合料的高温评价指标，抗车辙因子越大，即高温时的流动变形越小，抗车辙能力越强。由动态频率扫描试验结果得到振荡角频率为 10rad/s 的沥青胶浆抗车辙因子与粉胶比及温度关系如图 4.7 所示，可以看出：

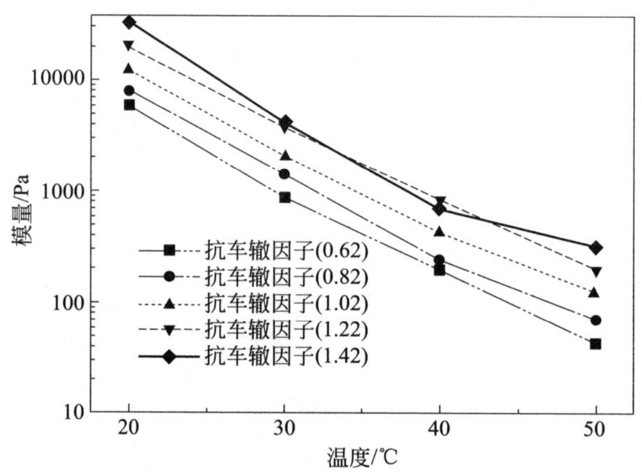

图 4.7　不同粉胶比及不同温度条件下沥青胶浆抗车辙因子

① 除粉胶比为 1.42 的沥青胶浆在 40℃条件下的抗车辙因子比粉胶比为 1.22 的沥青胶浆在同温度下略低外，在其他温度条件下，随着粉胶比的增大，沥青胶浆的抗车辙因子均有所增大，说明温度对沥青胶浆的抗变形能力有着重要影响。因此，从沥青混合料的高温稳定性考虑，宜选用较大的粉胶比。但并非粉胶比越大越好，过大的矿粉含量不但会增加沥青用量，增加工程造价，并且会降低沥青胶浆的低温抗裂性能，同时矿粉不宜均匀分散在沥青混合料中，影响沥青混合料整体结构的高温稳定性。

② 粉胶比为 1.42 的沥青胶浆在 40℃条件下的抗车辙因子比粉胶比为 1.22 的沥青胶浆在同温度下低的原因可能是，随着粉胶比的增大，在制备动态剪切流变试验试样过程中会有部分矿粉下沉，造成粉胶比为 1.42 和 1.22 的沥青胶浆的复模量和相位角较为接近，进而出现粉胶比为 1.42 的沥青胶浆在 40℃条件下的抗车辙因子比 1.22 的沥青胶浆还小的现象。

③ 随着粉胶比的增大，试验温度越低，沥青胶浆的抗车辙因子急剧增大，进

一步说明温度是影响沥青胶浆抗车辙因子的重要因素。

动态频率扫描试验得到的沥青胶浆的相位角（振荡角频率为 10rad/s）如图 4.8 所示。

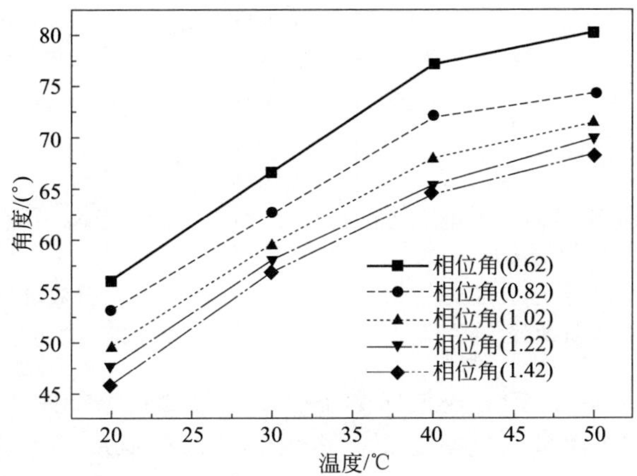

图 4.8　不同粉胶比及不同温度条件下沥青胶浆相位角

由图 4.8 可以得出以下结论。

① 粉胶比为 0.62 和 0.82 的沥青胶浆在不同温度条件下相位角均大于 50°，表现出较强的黏性液体特性，且随着试验温度的升高，相位角逐渐增大，说明其黏性特性越来越强。

② 随着粉胶比的增大，各温度条件下的相位角均逐渐降低，说明矿粉含量的增加降低了沥青胶浆的黏性性能，增强了沥青胶浆的弹性性能。

4.2.4　分数阶导数沥青胶浆动态力学特性分析

4.2.4.1　分数阶导数黏弹性本构模型

黏弹性高聚物材料的蠕变服从 Nutting 公式[27]：

$$\lg\varepsilon(t)=\lg A+\gamma\lg t+\lg\sigma \qquad (0<\gamma<1) \tag{4.9}$$

即

$$\varepsilon(t)=At^{\gamma}\sigma \tag{4.10}$$

其蠕变柔量 [$J(t)$] 为

$$J(t)=At^{\gamma} \qquad (0<\gamma<1) \tag{4.11}$$

式中　A、γ——均为材料参数，可通过试验确定。

对式(4.11) 求导，得

$$\dot{J}(t)=A\gamma t^{\gamma-1} \tag{4.12}$$

设 $A=1$，不同阶数下蠕变柔量如图 4.9 所示。可以看出，随着 γ 值的逐渐增大，蠕变柔量变化曲线逐渐由过坐标原点的曲线变为直线，描绘材料由弹性逐渐过渡到黏性。

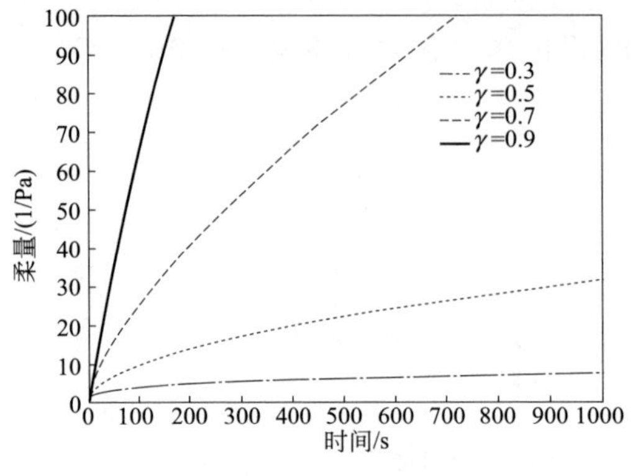

图 4.9　分数阶导数经验蠕变模型蠕变柔量曲线

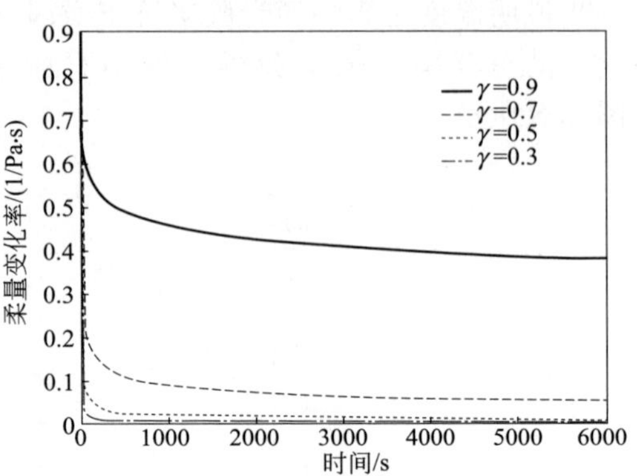

图 4.10　分数阶导数经验蠕变模型蠕变柔量变化率曲线

设 $A=1$，由于 $0<\gamma<1$，不同阶数下蠕变柔量变化率如图 4.10 所示。可以看出，当 $t=0$ 时，蠕变柔量变化率为正无穷大，可以近似反映黏弹性材料在荷载作用下的瞬时弹性变化率；当 $t\rightarrow\infty$时，蠕变柔量变化率趋近于 0，表示荷载作用下黏弹性材料蠕变变形趋于稳定；当 $0<t<\infty$，随着时间的增长，应变率逐渐减小，能够描绘材料的衰减蠕变。

Celauro 等[28] 依据幂函数经验方程构建了以分数阶黎曼-刘维尔算子描述黏弹性材料黏弹性应变的蠕变本构模型，表达式为

$$\varepsilon(t)=c_{\gamma}(I_{0^+}^{\gamma}\sigma)(t) \tag{4.13}$$

式中，$c_{\gamma}=A\gamma\Gamma(\gamma)$，$\Gamma(\gamma)$ 为 γ 的 Gamma 函数；$(I_{0^+}^{\gamma}\sigma)(t)$ 为应力的黎曼-刘维尔分数阶积分算子，即

$$(I_{0^+}^{\gamma}\sigma)(t)=\frac{1}{\Gamma(\gamma)}\int_0^t\frac{f(t)}{(t-\tau)^{1-\gamma}}\mathrm{d}\tau \tag{4.14}$$

式中　$f(t)$——t 的连续函数。

根据分数阶导数的性质，式(4.14) 可以写为

$$\sigma(t)=c_{\gamma}^{-1}(D_{0^+}^{\gamma}\varepsilon)(t) \tag{4.15}$$

并且 $f(t)$ 的黎曼-刘维尔分数阶微分算子 $[(D_{0^+}^{\gamma}f)(t)]$ 为

$$(D_{0^+}^{\gamma}f)(t)=\frac{1}{\Gamma(1-\gamma)}\frac{\mathrm{d}}{\mathrm{d}t}\int_0^t\frac{f(\tau)}{(t-\tau)^{\gamma}}\mathrm{d}\tau \quad (0<\gamma<1) \tag{4.16}$$

式中，$f(\tau)$ 为连续函数；$\Gamma(1-\gamma)$ 为 $1-\gamma$ 的 Gamma 函数。

令 $s=t-\tau$，并对式(4.16) 进行积分变换，得

$$(D_{0^+}^{\gamma}f)(t)=I_{\gamma}(t)f(0)+\int_0^t I_{\gamma}(t-\tau)\mathrm{d}f(\tau)=I_{\gamma}(t)\mathrm{d}f \tag{4.17}$$

式中，$I_{\gamma}(t)=\dfrac{1}{\Gamma(1-\gamma)t^{\gamma}}$；$f(0)$ 为 $t=0$ 的函数值。

由式(4.17)可以看出，$f(t)$ 的分数阶导数即为函数 $I_{\gamma}(t)$ 与 $f(t)$ 的 Stieltjes 卷积。

Koeller[29]采用阿贝尔黏壶元件来描述黏弹性材料的蠕变力学特性，相应的蠕变本构方程为

$$\sigma(t)=\eta(D_{0^+}^{\gamma}\varepsilon)(t)=\eta I_{\gamma}(t)\mathrm{d}\varepsilon \qquad (0\leqslant\gamma\leqslant1) \tag{4.18}$$

式中 η——黏弹性材料的黏滞系数；

γ——材料参数 γ 为分数阶导数的阶数，当 γ 分别取 0 或 1 时，表示阿贝尔黏壶元件分别为弹簧或阻尼器，当 $0<\gamma<1$ 时，表示阿贝尔黏壶元件为弹簧和阻尼器组合。

可以看出式(4.18)可用以描述黏弹性材料的蠕变力学性能。

以阿贝尔黏壶元件模型构建的黏弹性材料的蠕变柔量为

$$J(t)=\frac{1}{\eta}\phi(t)\frac{t^{\gamma-1}}{\Gamma(\gamma)}=\frac{1}{\eta\Gamma(\gamma+1)}t^{\gamma} \tag{4.19}$$

式中，$\Gamma(1+\gamma)$ 为 $1+\gamma$ 的 Gamma 函数；$\phi(t)$ 为蠕变柔量单位阶跃函数，即 $\phi(t)=\begin{cases}1,t\geqslant0\\0,t<0\end{cases}$。

由式(4.11)和式(4.19)可以看出，Nutting 蠕变方程与经典分数阶导数阿贝尔黏壶蠕变模型之间存在着一定的关系，即 Nutting 蠕变方程的常系数 $A=\frac{1}{\eta\Gamma(\gamma+1)}$，代表 A 与材料黏滞系数和分数阶导数的阶数相关，而 γ 则表征材料的黏弹性能，进而从理论上证明了黏弹性经验幂函数本构模型参数的物理意义，并且参数 A 和 γ 的确定可以利用试验结果经拟合分析得到，具有重要的理论意义及应用价值。

4.2.4.2 分数阶导数动态黏弹性力学本构模型

在动态荷载作用下，基于分数阶导数的黏弹性材料的本构方程[30]为

$$G^*(\omega)=c_{\gamma}^{-1}(i\omega)^{\gamma} \tag{4.20}$$

式中 $G^*(i\omega)$——动态剪切模量，$G^*(\omega)=G_1(\omega)+iG_2(\omega)$；

$G_1(\omega)$——存储模量；

$G_2(\omega)$——损耗模量。

将 $c_{\gamma}=A\gamma\Gamma(\gamma)$ 代入式(4.20)可得

$$G^*(\omega)=\frac{(i\omega)^{\gamma}}{A\gamma\Gamma(\gamma)} \tag{4.21}$$

对式(4.21)取绝对值并求对数可得

$$\lg|G^*(\omega)|=-\lg A\gamma\Gamma(\gamma)+\gamma\lg\omega \tag{4.22}$$

4.2.5 基于分数阶导数沥青胶浆动态力学特性分析

在式(4.22)中，A 和 γ 均为材料参数，对特定材料为一常数。因此可将式(4.22)变形为 $y=a+bx$ 形式，即为［$y=\lg|G^*(\omega)|$ $a=-\lg A\gamma\Gamma(\gamma)$；$b=\gamma$；

$x=\lg\omega$]，利用 MATLAB 软件对不同粉胶比沥青胶浆在不同温度下的动态频率扫描试验结果进行一元线性拟合分析，得到的直线如图 4.6 所示（决定系数最小为 0.9975），拟合得到参数 a 和 b，经计算得到参数 A 和 γ 值，结果如图 4.11 和图 4.12 所示。

由图 4.11 可知，对不同粉胶比沥青胶浆，粉胶比越大，A 值越小；对任一粉胶比沥青胶浆，随着温度的增高，A 值逐渐增大，且矿粉含量越低，A 值增加的幅度越大，说明 A 值对温度的变化和粉胶比的变化比较敏感。因此，同温度且同粉胶比条件下，A 可以作为沥青胶浆的高温性能评价指标，称 A 为变形因子，A 值越大，沥青胶浆的高温稳定性越差。

如式(4.18) 中，γ 为材料的黏弹特性参数，γ 越大，材料的黏性越强。由图 4.12 可知，对同一温度，粉胶比越大，γ 值越小，材料的弹性成分越大；对同一粉胶比，随着温度的升高，其参数 γ 近似呈线性增大，说明沥青胶浆表现出来的黏性性能逐渐增加，越来越接近牛顿流体。因此，同温度同粉胶比条件下，可以称 γ 为黏弹因子，γ 值越大，材料的黏性性能越强。

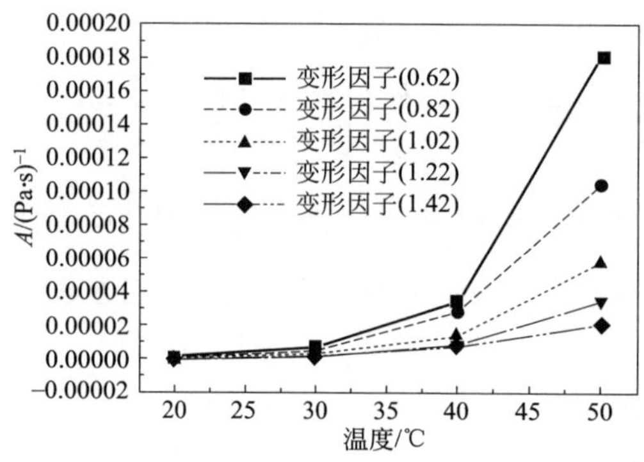

图 4.11 不同粉胶比沥青胶浆在不同温度条件下拟合得到的参数 A 值

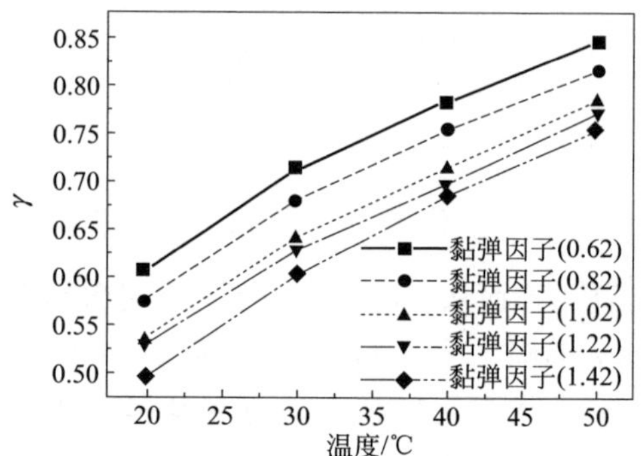

图 4.12 不同粉胶比沥青胶浆在不同温度条件下拟合得到的参数 γ 值

4.3 沥青胶浆低温流变性能

沥青路面的裂缝分为荷载裂缝和非荷载裂缝[31]，荷载裂缝主要是由于路面结构层自身强度不足而产生的纵向裂缝，非荷载裂缝主要是由于路面在高低温循环作用下产生的收缩裂缝以及半刚性基层收缩开裂产生的反射裂缝。由于《公路沥青路面设计规范》[32] 对水泥稳定混合料中的水泥剂量最大量及抗压强度最大值进行了规定，且随着施工技术水平的不断提高，由水泥稳定类半刚性基层收缩产生的大量反射裂缝得到了有效控制。但是由温度降低产生的收缩裂缝仍普遍存在，特别是在寒冷地区尤为突出。

沥青路面的低温裂缝与沥青胶结料的低温抗裂性直接相关，因此，对沥青胶结料低温性能进行研究有助于减少沥青路面的低温开裂现象，进而提高沥青路面的使用寿命。目前，国内外主要使用弯曲梁流变仪（Bending Beam Rheometer，简称BBR）和直接拉伸试验仪（Direct Tensile Tester，简称DTT）对沥青胶浆的低温性能进行研究。

针对不同的沥青及改性沥青，薛中军等[33]和詹小丽等[34]先后利用迭代的方法由BBR测试的沥青蠕变柔量计算松弛弹性模量，利用时温等效原理绘制了不同温度下的松弛模量主曲线，提出利用时温等效原理可以通过常温下的沥青的动态黏弹性能预测沥青的低温黏弹性能。郑健龙[35]利用BBR在不同温度条件下的沥青小梁蠕变试验得到了蠕变柔量曲线，进一步绘制了各个温度下的蠕变柔量主曲线簇，建立了考虑连续损伤的黏弹性伯格斯模型。王立志等[36]利用BBR对6种不同的沥青及6种改性沥青进行测试，同样利用时温等效原理得到沥青的劲度模量主曲线，提出利用主曲线包围的面积评价沥青的低温性能。

对由矿粉与沥青组成的沥青胶浆，吴玉辉[37,38]采用DSR和BBR对不同粉胶比沥青胶浆性能进行研究，综合考虑高低温性能提出沥青混合料配合比中合理的粉胶比。李涛等[39]对9种不同的矿粉分别进行岩性、粒径等物理性质指标测试，并对其组成的沥青胶浆进行DSR和BBR试验，探讨了不同矿粉对胶浆性能的影响。

以上研究大都基于弯曲梁流变试验对不同沥青胶浆材料低温流变性能进行评价，而未考虑损伤对沥青胶浆低温流变性能的影响。为此，郑健龙[35]建立了考虑损伤的伯格斯模型并利用其对沥青的低温流变性能进行了系统分析，但该模型参数较多并且确定方法较复杂而不便推广应用。而分数阶导数本构模型能够更加精确描述黏弹性材料流变特性并且具有模型参数物理意义明确、数量少和识别简单等优点。鉴于此，本书利用分数阶导数黏弹性本构模型对沥青胶浆的低温流变性能进行研究，引入韦布尔分布函数描述沥青胶浆的低温弯曲蠕变损伤行为，进而构建一种新的分数阶导数黏弹性损伤蠕变模型，基于不同粉胶比沥青胶浆在不同低温条件下弯曲梁流变试验结果，提出了确定模型参数的方法。

4.3.1 仪器原理及试验步骤

弯曲梁流变仪（BBR）是对盛放在冷冻溶液中的沥青胶结料梁形试件施加一个恒定荷载，得到其在不同温度下的变形速率曲线，经计算得到沥青胶结料的弯曲蠕变劲度［$S(t)$］和蠕变劲度变化率（m 值），并将此作为评价沥青胶结料的主要指标。

本书使用美国ATS公司生产的弯曲梁流变仪（如图4.13所示，技术参数见表4.4）进行沥青胶浆的低温弯曲梁流变试验。

表4.4 ATS弯曲梁流变仪

名　称	技术参数	名　称	技术参数
荷载范围	0～200g	位移传感器精度	2μm
荷载精度	±0.5g	制冷单元	乙二醇
位移传感器量程	6.35mm	测试温度范围	−40℃

使用与前述动态剪切流变试验相同原材料，按照《公路工程沥青及沥青混合料试验规程》（JTG E20—2011）[24] 沥青弯曲蠕变劲度试验方法（弯曲梁流变仪法），浇筑基质沥青和粉胶比分别为 0.62、0.82、1.02、1.22 和 1.42 的沥青胶浆试件（如图 4.14 所示），然后进行－6℃、－12℃和－18℃条件下的弯曲梁流变试验（如图 4.15 所示）。

图 4.13　弯曲梁流变仪（BBR）

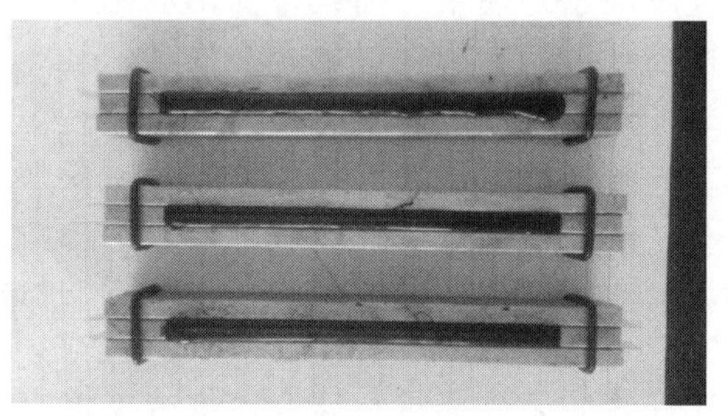

图 4.14　浇筑后的试件梁

图 4.15　弯曲梁流变试验

4.3.2　分数阶导数沥青胶浆低温黏弹性损伤蠕变模型

（1）沥青胶浆低温弯曲蠕变劲度试验结果

试件梁在蠕变荷载的作用下的弯曲蠕变劲度 [$S(t)$] 和蠕变劲度变化率（m 值）的计算公式如式(4.23) 和式(4.24) 所示：

$$S(t)=\frac{Pl^3}{4bh^3 s(t)} \tag{4.23}$$

$$m=\frac{\mathrm{dlg}S(t)}{\mathrm{dlg}t} \tag{4.24}$$

式中　P——蠕变恒定荷载，mN；

l——梁的跨距，mm；

b——梁的宽度，mm；

h——梁的高度，mm；

$s(t)$——梁跨中挠度，mm。

按照式(4.23) 计算得到基质沥青和粉胶比分别为 0.62、0.82、1.02、1.22 和 1.42 的沥青胶浆在－6℃、－12℃和－18℃条件下的弯曲蠕变劲度试验结果如图 4.16 所示。从图 4.16 中可以得出以下结论。

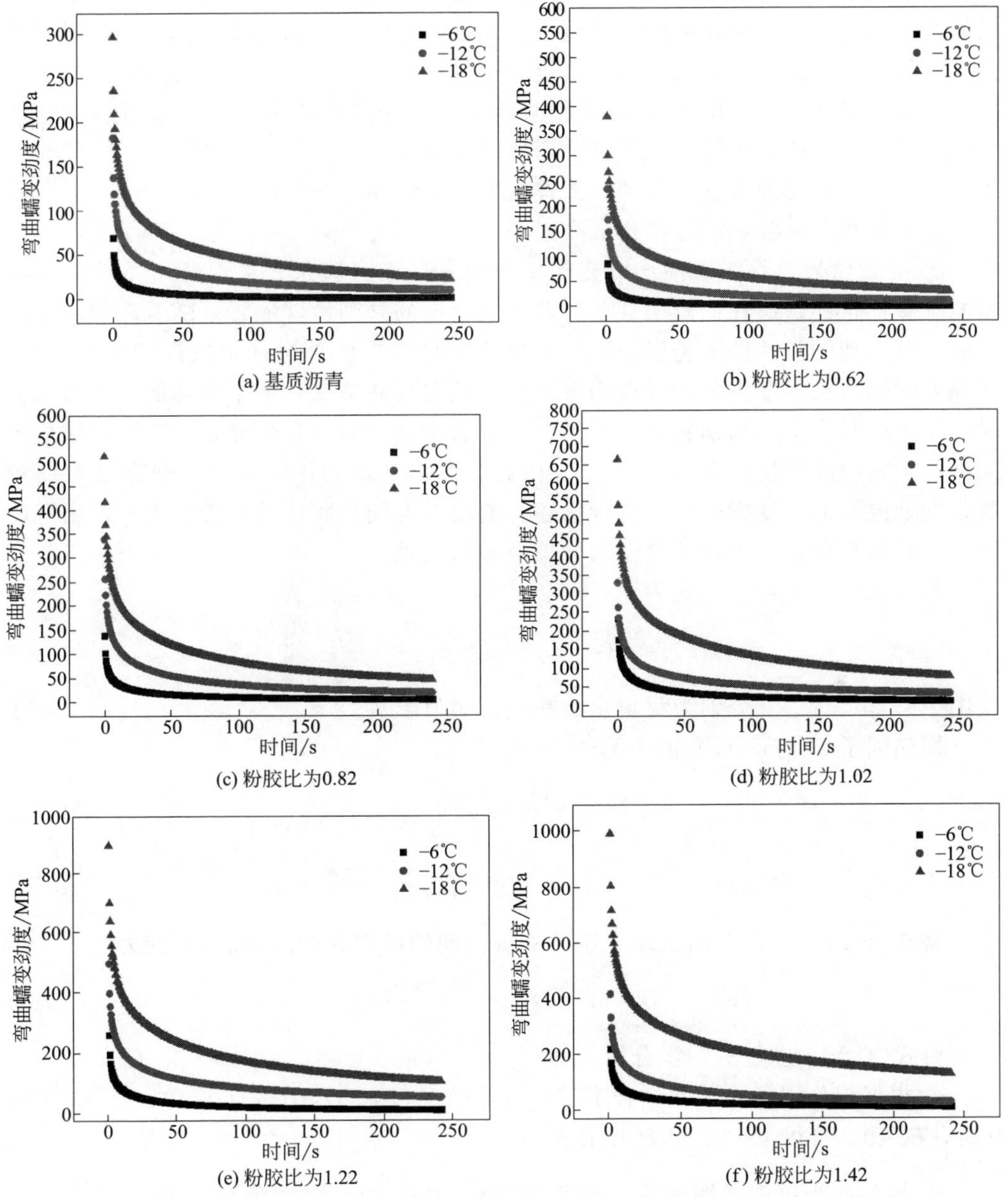

图 4.16　不同粉胶比沥青胶浆弯曲蠕变劲度

① 无论是基质沥青还是掺加矿粉的沥青胶浆，其弯曲蠕变劲度随着时间的增加逐渐变小，最后趋于稳定，其减小速率先快后慢，并且随着试验温度的升高，其

弯曲蠕变劲度减小速率均逐渐减小，沥青胶浆的柔韧性显著增加，说明温度对沥青胶浆的低温流变性能影响较大。

② 对同一粉胶比试样，随着试验温度的降低，其弯曲蠕变劲度逐渐增大，说明沥青胶浆的抗裂性能随着温度的降低而变差。因此，虽然矿粉的加入提高了沥青胶浆的高温稳定性，但矿粉的加入也增大了沥青胶浆的弯曲蠕变劲度，降低了其低温抗裂性能，所以，需要根据沥青混合料整体性能要求选择合适的粉胶比。

③ 随着矿粉含量的增加，沥青胶浆的弯曲蠕变劲度越来越大，参考河南当地实际情况，以试验温度为−12℃计算弯曲蠕变劲度，粉胶比为 0.82 和 1.42 的沥青胶浆 60s 弯曲蠕变劲度分别为基质沥青的 1.947 倍和 2.904 倍。

（2）分数阶导数黏弹性损伤蠕变模型

① 分数阶导数黏弹性损伤蠕变模型的建立　沥青胶浆在常温环境条件下为典型的黏弹性材料，但在低温条件下，其表现更多的是弹性性能，且随着环境温度的降低，其表现的弹性性能越强。在受力发生变形时，内部会产生微裂纹和微孔洞，并随着时间增长逐渐发展，导致沥青胶浆的低温弯曲蠕变劲度不断降低，这与水泥混凝土类材料发生的损伤破坏过程类似。现有研究表明韦布尔分布函数适合描述水泥混凝土材料的损伤破坏过程[40-42]。因此，可以尝试利用韦布尔分布函数对沥青胶浆的低温弯曲蠕变损伤行为进行描述。通过对不同粉胶比的沥青胶浆的低温弯曲蠕变试验结果分析，验证该模型的合理性和精确性。

韦布尔分布函数表达式为

$$\phi(\varepsilon)=\frac{m}{n}(\varepsilon-\lambda)^{m-1}\exp\left[-\frac{(\varepsilon-\lambda)^{m}}{n}\right] \tag{4.25}$$

式中　n，m，λ——分别为材料参数和损伤阈值参数。

损伤因子 D 与 φ（ε）的关系[43] 为

$$\frac{\mathrm{d}D}{\mathrm{d}\varepsilon}=\varphi(\varepsilon) \tag{4.26}$$

于是，

$$D=\int_{\lambda}^{\varepsilon}\varphi(x)\mathrm{d}x=1-\exp[-\frac{(\varepsilon-\lambda)^{m}}{n}] \tag{4.27}$$

将式(4.27) 看作弯曲梁蠕变试验加载时间的函数，则式(4.27) 变为

$$D=1-\exp[-\frac{(t-\lambda)^{m}}{n}] \tag{4.28}$$

对式(4.28) 进行进一步分析可知：

a. 根据损伤因子定义并结合本试验具体情况，$0\leqslant D\leqslant 1$，且 $t=0$，$(t-\lambda)^{m}=0$ 时，$D=0$，可得 $\lambda=0$，并且要求 $m>0$；

b. 损伤应为单调递增函数，要求 $\dot{D}>0$，因此式(4.28) 的导数 $\dot{D}=m\frac{(t)^{m-1}}{n}\exp[-\frac{(t)^{m}}{n}]>0$，所以要求 $n>0$。

综上所述，引入损伤因子后的分数阶导数黏弹性损伤蠕变模型为

$$\varepsilon(t)=\frac{A' t^{\gamma'}}{(1-D)}\sigma \tag{4.29}$$

即
$$\sigma=\frac{\exp(-t^m/n)t^{-\gamma'}}{A'}\varepsilon(t) \tag{4.30}$$

由式(4.30) 可知，损伤蠕变劲度模量为

$$G'=\frac{\exp(-t^m/n)t^{-\gamma'}}{A'} \tag{4.31}$$

② 模型验证分析 为了识别本书新提出模型的参数并验证模型的有效性，利用 MATLAB 软件分别对不考虑损伤的分数阶导数黏弹性蠕变模型［式(4.10)］和引入损伤的分数阶导数黏弹性损伤蠕变模型［式(4.29)］对弯曲梁蠕变试验结果进行非线性拟合分析。由于试验结果较多，在此仅以基质沥青和粉胶比为 1.02 的沥青胶浆为代表进行拟合分析，结果如图 4.17 和图 4.18 所示，拟合分析得到的模型参数及决定系数如表 4.5～表 4.7 所示。

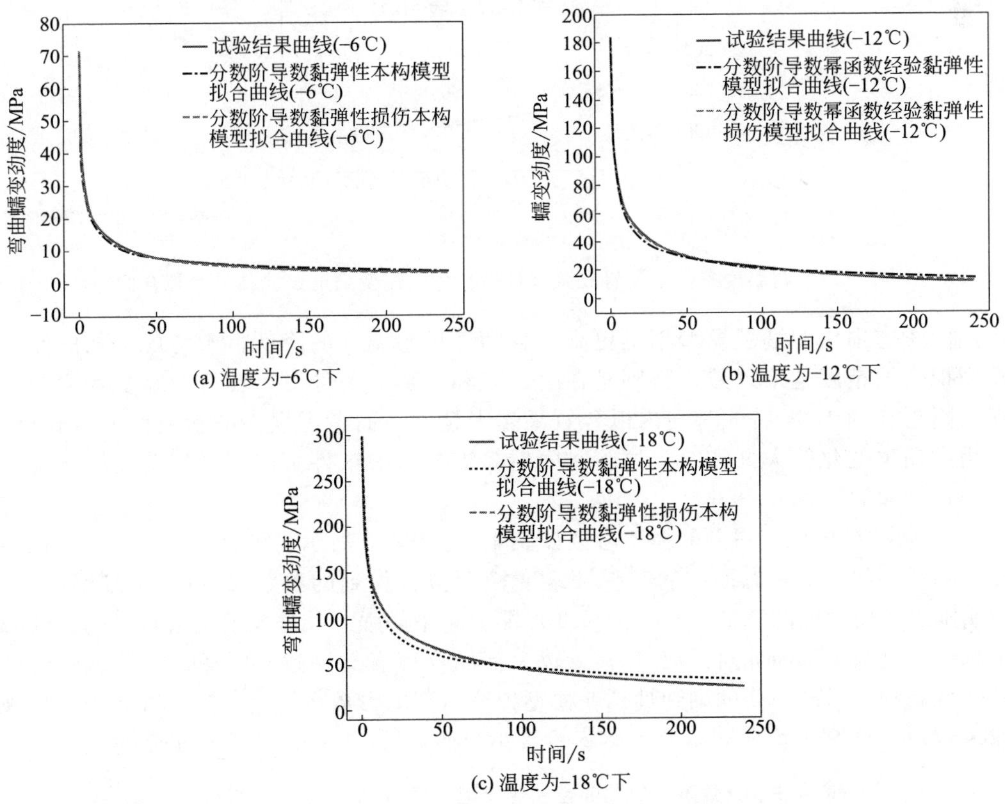

图 4.17 不同温度条件下基质沥青弯曲蠕变劲度试验结果及拟合曲线

由图 4.17 和图 4.18 及表 4.5～表 4.8 可以得出以下结论。

a. 无论是基质沥青还是沥青胶浆，不考虑损伤的分数阶导数黏弹性蠕变模型［式(4.10)］与考虑损伤的分数阶导数黏弹性蠕变模型［式(4.29)］拟合的精度均较

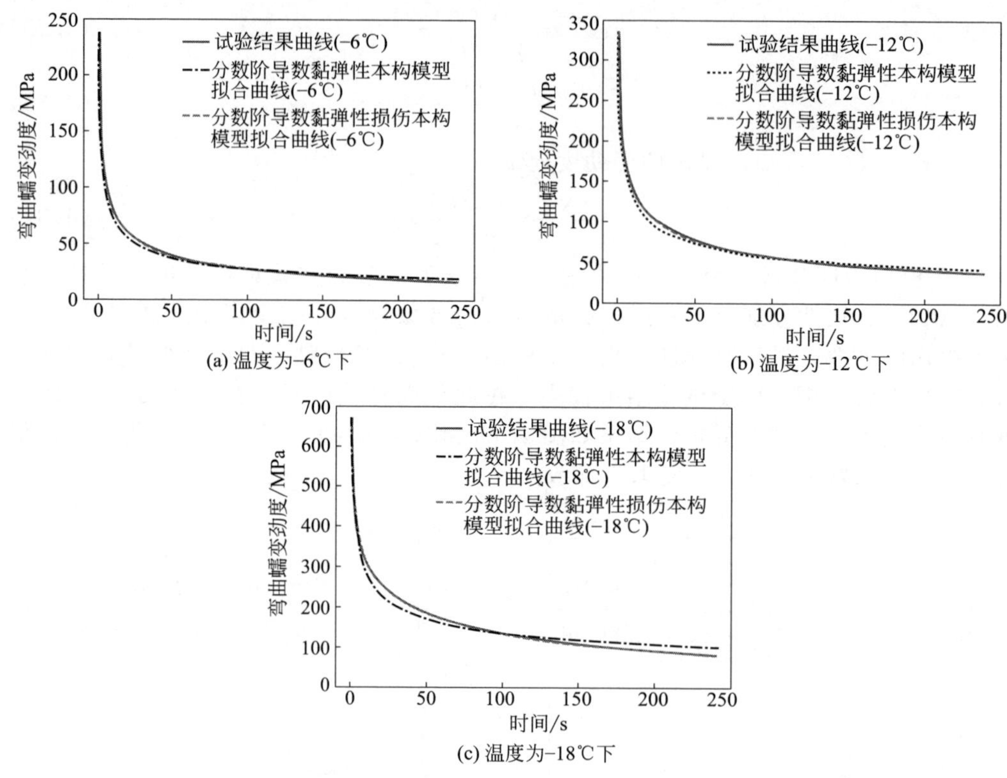

图 4.18 不同温度条件下沥青胶浆（1.02）弯曲蠕变劲度试验结果及拟合曲线

好，但考虑损伤的蠕变模型精度更高，且随着试验温度的降低，不考虑损伤的蠕变模型拟合的精度越来越差，特别是在－12℃和－18℃条件下，在弯曲蠕变劲度曲线拐点附近和约 100s 后的时间内拟合效果越来越差，而考虑损伤的新模型拟合较好。说明在曲率变化较大处和一定试验时间后，需要考虑试件中出现微裂缝发展而产生的损伤现象。

b. 两种试样拟合得到的模型参数如表 4.5～表 4.8 所示。可以看出，随着测试温度的降低，利用不考虑损伤的黏弹性蠕变模型拟合得到的参数 A 和 γ 均逐渐减小，说明随着试验温度的降低，材料的抗变形能力越来越强，并且反映出来自身的弹性越来越强，这与本章前面对式(4.12) 参数表征的物理意义一致。同样，随着试验温度的降低，利用考虑损伤的黏弹性蠕变模型拟合得到的参数 A'和 γ'与 A 和 γ 的变化规律一致，并且 γ'值均比同温度条件下的 γ 小，而 A'与 A 相比则没有明显的规律。

表 4.5 分数阶导数黏弹性蠕变模型［式(4.10)］拟合分析结果

试样及测试温度	A	γ	决定系数
基质沥青(－6℃)	0.01826	0.4992	0.9889
基质沥青(－12℃)	0.006604	0.4293	0.9804
基质沥青(－18℃)	0.003741	0.3856	0.9572

表 4.6　分数阶导数黏弹性损伤蠕变模型［式(4.29)］拟合分析结果

试样及测试温度	A'	γ'	m	n	决定系数
基质沥青(−6℃)	0.01482	0.3478	0.3014	4.196	0.9997
基质沥青(−12℃)	0.006772	0.3285	0.565	29.17	0.9997
基质沥青(−18℃)	0.004084	0.2695	0.7283	63.04	0.9997

表 4.7　分数阶导数黏弹性蠕变模型［式(4.10)］拟合分析结果

试样及测试温度	A	γ	决定系数
沥青胶浆(1.02,−6℃)	0.005104	0.4239	0.9841
沥青胶浆(1.02,−12℃)	0.003381	0.3562	0.9803
沥青胶浆(1.02,−18℃)	0.001598	0.3332	0.9539

表 4.8　分数阶导数黏弹性损伤蠕变模型［式(4.29)］拟合分析结果

试样及测试温度	A'	γ'	m	n	决定系数
沥青胶浆(1.02,−6℃)	0.004924	0.3053	0.4139	11.11	0.9997
沥青胶浆(1.02,−12℃)	0.003376	0.2416	0.4231	13.11	0.9998
沥青胶浆(1.02,−18℃)	0.001772	0.2196	0.6951	59.76	0.9994

4.4 本章小结

利用高速剪切乳化机制备了不同粉胶比的沥青胶浆，分别对基质沥青和沥青胶浆进行动态频率扫描试验和弯曲梁流变试验，基于分数阶导数理论对试验结果进行了系统分析，得出以下主要结论。

① 通过对沥青胶浆动态频率扫描试验结果分析可知：对任一粉胶比沥青胶浆在同一温度条件下，在对数坐标系中，复模量随着角频率的增加而线性增加；在不同温度条件下，沥青胶浆的复模量均随着温度的升高而减小。对不同粉胶比的沥青胶浆，随着粉胶比的增大，沥青胶浆的复模量逐渐增大。沥青胶浆的抗车辙因子随着粉胶比的增大逐渐增大，且随着温度的降低急剧增大，而相位角则逐渐降低，说明温度对沥青胶浆的抗变形能力有着重要的影响；同一粉胶比条件下，随着温度的升高，抗车辙因子逐渐降低，而相位角则逐渐增大。

基于分数阶导数理论，对 Nutting 蠕变方程进行了进一步的推导，建立了 Nutting 蠕变方程与经典分数阶导数阿贝尔黏壶蠕变模型之间的关系，明确了 Nutting 蠕变方程各参数的物理意义。构建了分数阶导数动态黏弹性力学本构模型。针对沥青胶浆材料，分别采用变形因子 A 和黏弹因子 γ 来表征其抗变形能力和黏弹性能，A 值越大，材料的抗变形能力越差，γ 值越大，材料表现的黏性越强，并基于不同粉胶比沥青胶浆在不同温度条件下的动态剪切流变试验结果，提出了确定沥青胶浆变形因子和黏弹因子的方法。

② 通过对不同粉胶比沥青胶浆在不同低温条件下弯曲梁流变试验结果分析可知：对同一试样，随着温度的降低，其弯曲蠕变劲度逐渐增大，说明沥青胶浆的抗裂性能随温度的降低而变差；随着矿粉的含量增大，沥青胶浆的弯曲蠕变劲度越来越大。参考河南当地实际情况，以试验温度为−12℃计算弯曲蠕变劲度，粉胶比为0.82和1.42的沥青胶浆60s弯曲蠕变劲度分别为基质沥青的1.947倍和2.904倍。

针对沥青胶浆的低温流变性能，利用韦布尔分布函数建立了分数阶导数黏弹性损伤蠕变模型，通过对不同粉胶比沥青胶浆在不同低温条件下弯曲梁流变试验结果拟合分析确定了模型参数。结果表明：新构建的蠕变模型能够更加精确地描述基质沥青和不同粉胶比的沥青胶浆各个试验温度条件下的弯曲蠕变劲度曲线。随着试验温度的降低，利用分数阶导数黏弹性损伤蠕变模型拟合得到的参数 A 和 γ 均逐渐减小，说明随着试验温度的降低，材料本身反映出来的弹性越来越强。而利用分数阶导黏弹性蠕变模型拟合得到的 A' 和 γ' 与 A 和 γ 的变化规律一致，并且 γ' 值均比同温度条件下的 γ 小，而 A' 与 A 相比则没有明显的规律。

本章参考文献

[1] 张肖宁．沥青与沥青混合料的黏弹力学原理及应用［M］．北京：人民交通出版社，2006：31-42.

[2] Van der Poel C. A general system describing the visco elastic properties of bitumens and its relation to routine test data ［J］. Journal Appl Chem，1954，4（5）：221-236.

[3] Anderson D A，Goetz W H. Mechanical behavior and reinforcement of mineral filler-asphalt mixtures ［J］. Journal of Association of Asphalt Paving Technologists，1973，42：37-66.

[4] Craus J，Ishai I，Sides A. Some physico-chemical aspects of the effect and the role of the filler in bituminous paving mixtures ［J］. Journal Assn. Asphalt Paving Technol，1978，47：558-588.

[5] Liviu-Iulian Palade，Pierre Attané，Sylvie Camaro. Linear viscoelastic behavior of asphalt and asphalt based mastic ［J］. Rheol Acta，2000，39：180-190.

[6] Yong-Rak Kim，Little D N. Linear viscoelastic analysis of asphalt mastic ［J］. Journal of Materials in civil Engineering © ASCE/MARCH/APRIL，2004，16：122-132.

[7] 刘丽．沥青胶浆技术性能及评价方法研究［D］．西安：长安大学，2004.

[8] 张争奇，王永财．沥青胶浆对沥青混合料高低温性能的影响［J］．长安大学学报：自然科学版，2006，26（2）：1-5.

[9] 耿韩，赵永利．沥青胶浆路用性能的流变试验研究［J］．公路工程，2009，34（1）：84-89.

[10] 沈金安．沥青材料的流变学（一）［J］．石油沥青，1988（4）：27-38.

[11] 沈金安．沥青材料的流变学（五）［J］．石油沥青，1990（1）：1-13.

[12] 邹桂莲，张肖宁．应用DSR评价沥青胶浆的路用性能研究［J］．哈尔滨建筑大学学报，2001，34（3）：112-115.

[13] 张争奇，张卫平，李平．沥青混合料粉胶比［J］．长安大学学报：自然科学版，2004，24（5）：7-10.

[14] 李智慧，谭忆秋，周兴业．沥青胶浆高低温性能评价体系的研究［J］．石油沥青，2005，19（5）：15-18.

[15] 冯浩．基于黏弹性理论的沥青胶浆试验特性研究［D］．长沙：长沙理工大学，2008.

[16] 李华．沥青胶浆黏弹性研究［D］．西安：长安大学，2011.

[17] 马慧莉．无机填料对沥青胶浆力学性能影响的细观力学分析［D］．长春：吉林大学，2013.

[18] 李智慧，谭忆秋．应用流变学研究沥青胶浆最佳粉胶比的确定方法［J］．中外公路，2014，34（4）：297-297.

[19] 郑南翔，从卓红．粉油比对沥青混合料路用性能的影响 [J]. 公路，2004，10 (10)：132-135.
[20] 李晓民，张肖宁，李智．硅藻土改性沥青胶浆的动态粘弹特征分析 [J]. 公路，2006 (10)：145-148.
[21] 樊英华．粉胶比对沥青混合料性能的影响研究 [J]. 公路交通科技，2011，12 (84)：148-150.
[22] 刘玉龙，王旭，李洪峰．粉胶比对沥青混合料路用性能影响的试验研究 [J]. 森林工程，2014，30 (3)：111-115.
[23] 张华，钱觉时，吴文军．粉胶比对浇注式沥青胶浆高低温性能的影响 [J]. 重庆大学学报，2009，32 (6)：663-667.
[24] JTG E20—2011 公路工程沥青及沥青混合料试验规程 [S].
[25] 尹应梅．基于 DMA 法的沥青混合料动态粘弹特性及剪切模量预估方法研究 [D]. 广州：华南理工大学，2010.
[26] Anderson D A，Bahia H U，Christensen D W. Binder characterization and evaluation-Volume3：Physical properties. Strategic Highways Research Program，Rep. No. SHRP-A-369 [R]，National Research Council，Washington，D. C. 1994：43-79.
[27] 何平笙．高聚物的力学性能 [M]. 第 2 版．合肥：中国科学技术大学出版社，2008：104-105.
[28] Celauro C，Di Paola M，Lo Presti D，et al. Modeling of the viscoelastic behavior of paving bitumen fractional derivatives [J]. Meccanica dei Materiali e delle Strutture，2009，1 (2)：38-51.
[29] Koeller R C. Application of fractional calculus to the theory of viscoelasticity [J]. American Society of Mechanical Engineers，1984，51 (2)：299-307.
[30] Fecarotti C，Celauro C，Pirrotta A. Linear viscoelastic (LVE) behaviour of pure bitumen via fractionla model [J]. Procedia-Social and Behavioral Scicences，2012，53：450-461.
[31] 郝培文．沥青与沥青混合料 [M]. 北京：人民交通出版社，2009：178-181.
[32] JTG D 50—2006 公路沥青路面设计规范 [S].
[33] 薛中军，张肖宁，詹小丽，等基于蠕变试验计算沥青的低温松弛弹性模量 [J]. 华南理工大学学报：自然科学版，2007，35 (2)：64-68.
[34] 詹小丽，张肖宁，卢亮．沥青低温粘弹性能的预测 [J]. 吉林大学学报 (工学版)，2008，38 (3)：530-534.
[35] 郑健龙．基于蠕变试验的沥青黏弹性损伤特性 [J]. 工程力学，2008，25 (2)：193-196.
[36] 王立志，魏建明，张玉贞．用弯曲梁流变仪评价道路沥青的低温性能 [J]. 中国石油大学学报：自然科学版，2009，3 (1)：150-153.
[37] 吴玉辉．沥青胶浆的性能研究 [J]. 北方交通，2008 (2)：1-4.
[38] 吴玉辉．矿粉含量对沥青胶浆性能的影响研究 [J]. 公路交通科技，2008，25 (9)：35-38.
[39] 李涛，扈惠敏．矿粉对沥青胶浆性能的影响 [J]. 合肥工业大学学报：自然科学版，2013，36 (8)：983-987.
[40] 徐世烺，赵国藩．混凝土断裂韧度的概率模型研究 [J]. 土木工程学报，1988，21 (4)：9-23.
[41] 高峰，谢和平，赵鹏．Weibull 模量和岩石强度的分形性质 [J]. 科学通报，1993，38 (15)：1427-1430.
[42] 董毓利，谢和平，李世平．混凝土受压损伤力学本构模型的研究 [J]. 工程力学，1996，13 (1)：44-53.
[43] 唐春安．岩石破裂过程中的灾变 [M]. 北京：煤炭工业出版社，1993：10-20.

第 5 章

分数阶导数沥青砂静载蠕变本构模型

5.1 概述

沥青砂主要由细集料（一般指公称最大粒径为 2.36mm）、填料和沥青组成[1,2]。按照胶浆理论，沥青混合料是由粗分散系、细分散系（沥青砂浆）和微分散系（沥青胶浆）组成的多级空间网状胶凝结构，细分散系和微分散系的构成和性质对沥青混合料性能起着重要作用[3-5]。为了研究方便，也可以将沥青混合料中粒径在 2.36mm 以下的集料和沥青作为一相（即沥青砂）来考虑，这样沥青混合料就可以看作由粗骨料（粒径大于 2.36mm）和沥青砂组成的两相体系[1]。因此，深入研究沥青砂材料的力学特性并建立其合理的本构关系对进一步研究沥青混合料的力学性能也具有十分重要的意义。

5.2 沥青砂黏弹性本构关系

国内许多学者对沥青砂的黏弹性力学性能进行了研究，并取得了一定成果。叶永和杨新华等[2] 提出了一种新的本构模型，通过沥青砂试件单轴压缩蠕变试验确定了模型参数。其试验荷载为 0.1MPa 恒定应力，通过改变试验温度（分别为 20℃、45℃、50℃和 60℃）进行沥青砂的单轴压缩蠕变试验，进而获得在不同温度条件下沥青砂蠕变与加载时间的关系，最终得出沥青砂的典型蠕变曲线包含减速蠕变、等速蠕变和加速蠕变三个阶段。试验过程反映了温度与加速蠕变两者间的正比例相互关系，蠕变试验也反映了沥青砂的非线性特征。

王文进等[6] 对沥青砂的单轴拉伸蠕变试验结果进行了系统分析和论证，并比较了沥青砂浆材料的蠕变规律，通过非线性回归分析方法得到符合伯格斯模型和指数模型在单轴恒定荷载下的应力和应变关系。

国外的学者也开展了大量的研究工作。D. Anderson 和 W. H. Goetz[7] 利用 Superpave 的试验方法研究了沥青胶浆的流变性质，得到了矿物填料与沥青胶浆主曲线参数之间的关系。

L. Mo 等[8] 在耗散能量概念的基础上提出了一种实用的砂浆疲劳模型。

综上所述，以上研究大都通过沥青砂的蠕变试验研究其本构模型，最终为研究沥青混合料的永久变形计算提供支撑。鉴于蠕变恢复试验是研究材料黏弹性能的最简单的方法，本书也利用此方法进行 AS-13 和 AS-20 两种沥青砂不同温度和不同应力条件下的单轴静载蠕变恢复试验。针对沥青砂的蠕变恢复变形特性，基于分数阶导数理论，开展沥青砂的蠕变本构模型研究，进而为沥青混合料的永久变形研究提供理论基础支撑。

5.3 改进的分数阶导数沥青砂黏弹性经验蠕变模型

5.3.1 分数阶导数幂函数蠕变模型理论分析

沥青材料的力学性能受温度的影响较大，沥青胶浆、沥青砂及混合料在低温下主要表现出弹性固体的性质，而在常温条件下则为典型的黏弹性材料，材料的变形不仅与应力相关，还与应力作用的时间有关，常用经典的元件模型描述其力学性能[9]。元件模型主要由弹簧元件和黏壶元件构成，不同的元件数量及组合形式构成了麦克斯韦模型、开尔文模型、开尔文-沃伊特模型、广义麦克斯韦模型、广义开尔文模型、广义开尔文-沃伊特模型、伯格斯模型等模型。

伯格斯模型常用于描述沥青材料力学特性[10]。田莉等[11]、侯航舰等[12] 分别对沥青玛蹄脂进行了静态蠕变试验，然后利用分段拟合法确定了描述沥青玛蹄脂蠕变行为的伯格斯模型参数，并对这些模型参数进行了系统分析。李晓军等[13] 通过对不同应力条件下沥青砂浆的蠕变试验结果进行分析，得到了基于伯格斯模型的沥青砂浆的蠕变方程。虽然这些模型能较好地描述沥青胶砂材料的蠕变特性，但模型形式普遍复杂，参数的确定方法也存在一定的局限性。分数阶导数本构模型能够较好地描述黏弹性材料的力学特性，并且模型参数较少，逐渐得到国内外学者的关注。詹小丽[14]、银花[15]、Oeser[16]、Celauro[17] 等学者先后利用分数阶导数本构模型对沥青及沥青混合料的黏弹性力学性能进行了研究，但将该模型用于沥青砂蠕变恢复特性的研究还鲜见报道。

幂函数经验蠕变本构模型具有简单实用的特点，可以用来描述黏弹性材料的蠕变特性[18,19]，Celauro 等[20] 依据幂函数经验方程构建了以分数阶黎曼-刘维尔算子描述黏弹性材料黏弹性应变的蠕变本构模型——分数阶导数幂函数经验蠕变本构模型，然后运用该模型对纯沥青的蠕变行为进行了分析，但该模型不能够描述黏弹性材料的初始应变响应，也不能够准确描述卸载后黏弹性材料的黏性恢复变形特性。为此，针对沥青砂的蠕变恢复变形特性，基于分数阶导数理论，本书提出了改进分数阶导数幂函数经验蠕变本构模型，并利用沥青砂的蠕变恢复试验结果对模型参数进行了拟合分析，进一步对模型参数变化规律及主要影响因素进行系统分析。

对于黏弹性材料蠕变恢复试验，在施加荷载阶段（$0<t<\bar{t}$），应力为常量，材料进入蠕变阶段。在卸载阶段（$t>\bar{t}$），应力为 0，材料进入蠕变恢复阶段。因此，由式(3.13) 可得

$$\varepsilon(t)=\frac{c_r\sigma_0}{\Gamma(\gamma)}\int_0^t \frac{w(\tau;0\div \bar{t})}{(t-\tau)^{1-\gamma}}\mathrm{d}\tau \tag{5.1}$$

式中，$w(t;0\div \bar{t})=\begin{cases}1 & 0\leqslant t\leqslant \bar{t}\\ 0 & t<0 \text{ 或 } \bar{t}<t\end{cases}$

由式(5.1) 可以推导得到分数阶导数幂函数经验蠕变本构模型[20] 为

$$\varepsilon(t)=A\sigma_0\{t^{\gamma}-[H(t-\bar{t})(t-\bar{t})]^{\gamma}\}\qquad(1>\gamma>0) \tag{5.2}$$

5.3.2 改进的分数阶导数幂函数经验蠕变本构模型

由式(5.2) 可以看出，分数阶导数幂函数经验蠕变本构模型不能描述具有初始应变的黏弹性材料蠕变变形，也不能够准确描述卸载后黏弹性材料的黏性恢复变形特性。为克服以上不足，需要引入新的反映黏弹性材料加载瞬时变形及卸载瞬时恢复变形特性的参数，这些新的参数受应力水平、温度等因素影响，能够充分反映黏弹性材料本身在加载和卸载阶段力学特性的差异。为此，本书提出的改进分数阶导数幂函数经验蠕变本构模型为

$$\varepsilon(t)=(\varepsilon_0+at^{\alpha})\sigma_0-b[H(t-\bar{t})(t-\bar{t})]^{\beta}\sigma_0\qquad t\neq\bar{t} \tag{5.3}$$

$$\varepsilon_t=[(\varepsilon_0+a\bar{t}^{\alpha})-b\bar{t}^{\beta}]\sigma_0\qquad t=\bar{t} \tag{5.4}$$

式中　a，b——分别为加载阶段和卸载阶段的材料参数；

α，β——分别为加载阶段和卸载阶段的分数阶导数阶数，α 和 β 反映黏弹性材料的延迟变形特性，$\alpha>0$，$\beta>0$；

ε_0——加载阶段瞬时弹性应变；

ε_t——卸载阶段瞬时弹性恢复应变。

5.4 沥青砂单轴静载蠕变恢复试验

5.4.1 沥青砂单轴静载蠕变恢复试验方案

采用美国 MTS（SANS）公司 CMT5105 型微机控制电子万能试验机（如图 5.1 所示，技术参数见表 5.1）进行沥青砂单轴静载蠕变恢复试验，该仪器能够自动控制加载卸载，能自动采集数据并绘出位移-时间、应力-时间等曲线图。

表 5.1　CMT5105 型微机控制电子万能试验机技术参数表

参数名称	数值
最大试验压力	100kN
试验力测量范围	0.2%～100%FS(1 级)
试验力分辨力	1/300000FS

续表

参数名称	数值
试验力示值相对误差	±1.0%以内(1 级)
变形测量范围	0.2%~100%FS
变形示值相对误差	±0.5%以内
变形分辨力	1/300000FS
大变形测量范围	10~800mm
大变形示值相对误差	±0.5%以内
大变形分辨力	0.008
力控速率调节范围	0.005%~5%FS/s
力控速率调节相对误差	±1%设定值以内
变形速率调节范围	0.02%~5%FS/s
变形控制速率相对误差	速率<0.05%FS 时，为±2%设定值以内； 速率≥0.05%FS 时，为±0.5%设定值以内

注：表中 FS 为量程范围。

本次单轴静载蠕变恢复试验采用分别加载的方法进行，即使用相同的仪器在同样的试验条件下对相同的试件进行多次蠕变恢复试验[13,21]，具体试验方案如下。

① 在 0.2MPa 的加载应力条件下，分别选取 20℃、30℃和 40℃三个温度进行单轴静载蠕变恢复试验，试验过程结束后得到单轴静载蠕变恢复曲线。

② 在 20℃温度条件下进行不同应力（0.1MPa、0.2MPa、0.3MPa、0.4MPa 和 0.5MPa）条件下沥青砂的单轴静载蠕变恢复试验。

③ 通过在试验机电脑控制软件中设置加载过程自动实现加载，具体设置加载步骤如下：首先以 2mm/min 的加载速度加载到 78.5N 的预加载力，保载 60s；然后以 600N/s 的加载速度加载到预定力，保载 1740s；最后再以 600N/s 的加载速度卸载，保载 1800s。

图 5.1　CMT5105 型微机控制电子万能试验机

每种试验条件下需分别进行 3 次重复试验，取平均值为最终结果，如某试件结果误差超过±5%，重新补做试验。另外，试件需要放置在试验温度条件下的烘箱中保温 3h 以上（但不能超过 24h）才能进行试验，同时试验前需将万能试验机的环境箱温度也升至所需温度。

5.4.2　试验原材料及配合比设计

5.4.2.1　集料物理性能指标

试验使用的矿料有粗集料、细集料和矿粉，其中粗集料包括 5~10mm、10~

15mm 和 15～20mm 三挡集料:;细集料包括砂和石屑。按照《公路工程集料试验规程》(JTG E42—2005)[22] 通过网篮法测定粗集料的毛体积相对密度，用容量瓶法和坍落筒方法测得细集料的表观相对密度以及毛体积相对密度，经试验得到粗集料和细集料性能指标见表 5.2 和表 5.3。

表 5.2　粗集料性能指标

公称粒径/mm	洛杉矶磨耗损失/%	表观相对密度/(t/m^3)	吸水率/%	针片状颗粒含量/%
5～10	21.2	2.77	1.50	18.9
10～15	17.3	2.86	0.43	11.3
10～20	14.8	2.84	0.45	12.5

表 5.3　细集料性能指标

名称	表观相对密度/(t/m^3)	含泥量/%
砂	2.65	4.4

5.4.2.2　沥青砂配合比设计

(1) 沥青混合料配合比设计

沥青混合料配合比设计方法很多，主要有马歇尔配合比设计方法、维姆设计法、Superpave 设计法和 GTM 法等设计方法，另外还有些特殊沥青混合料设计方法，如 SMA 等。

① 马歇尔配合比设计方法　马歇尔配合比设计法最早是由美国 Brue Marshall 提出，1948 年美国工程兵对该方法进行了完善，并增加一些测试沥青混合料性能的试验，最终成为沥青混合料的配合比设计标准方法。

马歇尔稳定度测试仪（图 5.2）设备便宜，试验方法简单，费用较低，便于推广应用，因此被许多国家所采用，也是我国现行规范规定使用的方法[23]。国内根据“沥青混合料矿料级配及配合比设计方法的修订”课题成果对马歇尔配合比设计方法进行了部分修改，对于连续密级配沥青混合料，补充了级配曲线进行优选的内容，而不像原规范要求矿料级配曲线尽量靠近中值，同时对马歇尔试验的体积指标的测定和计算方法进行了全面的修改，使得修改后的沥青混合料体积指标的计算与美国现行方法基本一致。

当然，马歇尔设计法也存在一定的缺陷。国内的贾渝等[24] 通过对马歇尔设计方法与美国设计方法对比后认为马歇尔设计方法适用于小于 AC-20 型的沥青混合料，并建议采用参考先进的 Superpave 混合料设计方法对级配进行比较分析和确定最佳沥青用量，同时建议在马歇尔设计方法中增加老化过程。另外，吴超凡等[25] 也认为马歇尔设计法存在不能优选矿料级配和难以确定最佳沥青用量等方面的缺陷。

② 维姆混合料设计方法[26,27]　在 1920～1930 年期间，美国工程师 Francis Hveem 提出了维姆混合料设计方法并开发了维姆稳定度仪（图 5.3），用其可以测量沥青混合料抵抗垂直荷载下沥青混合料抗侧向流动的能力。

图 5.2　马歇尔稳定度测试仪

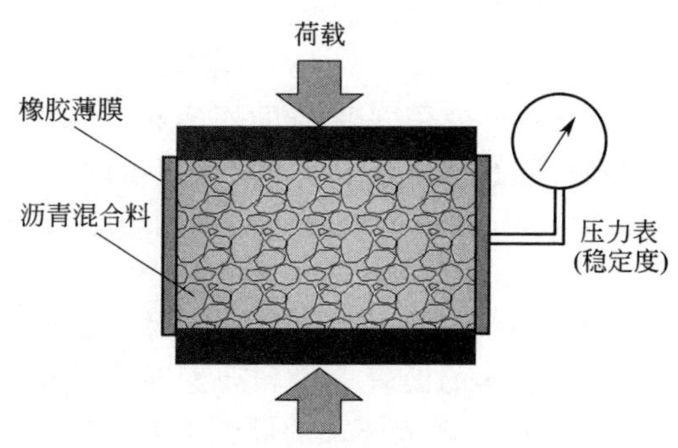

图 5.3　维姆稳定度试验仪图示

维姆混合料设计方法的主要优点有以下两个：

a. 由于其试件是利用加利福尼亚搓揉压实机进行制作，因此能较好地模拟出实际路面的热拌沥青混合料的压密特性；

b. 维姆稳定度仪可以测定混合料的内摩擦力和试件抗垂直荷载引起的横向位移的能力。

但是，维姆法也有自身的缺陷，主要表现在：

a. 设备复杂，使用不便；

b. 部分沥青混合料体积特性没有在维姆法要求中明确测定；

c. 稳定度的测定范围较小；

d. 沥青含量的确定较为经验化。

由于存在以上弊端，这种方法目前仅在美国加利福尼亚州和西部地区使用。

③ Superpave 沥青混合料设计法　美国公路战略研究计划（SHRP）的主要成果就是 Superpave（高性能沥青路面）技术，经过多次修改之后形成建立在路用性能基础上的沥青结合料和沥青混合料规范[28,29]。

SHRP 沥青结合料路用性能规范[30] 采用新的评定标准将沥青进行分级，其以沥青的性能为统一标准，而达到此规定的试验温度是变化的。按照此方法将沥青分为四个等级和 21 个亚级，四个等级分别为 PG52、PG58、PG64 和 PG70，亚级从 －46～－10℃，每 6℃一挡。

这种分级方法的显著特点是将沥青指标与路用性能直接联系起来，从而得到沥青维持良好性能下的路面设计温度范围。据此，设计工程师可根据当地的气候条件选择相应的沥青，也可以根据沥青的分级指标判断该沥青的使用区域。

SHRP 沥青结合料路用性能规范列入的各种路用性能指标包括：

a. 高温稳定性（测试方法：动态剪切流变试验）；

b. 低温抗裂性（测试方法：弯曲梁流变试验及直接拉伸试验）；

c. 耐疲劳性（测试方法：动态剪切流变试验）；

d. 抗老化性能（测试方法：旋转薄膜烘箱及压力老化试验）；

e. 施工安全性和可操作性（测试方法：旋转黏度试验）。

但PG分级也存在不足之处，如同一厂家不同标号的沥青结合料可能会认定为同一等级等问题[31,32]。

SHRP也开发了一种新的压实机，即Superpave旋转压实机（SGC），该设备能够达到实际路面气候和荷载条件下的密实度，并且可以容纳大集料的能力（公称最大粒径为37.5mm）。Superpave法的其中一个关键特点是新压实方法旋转压实法的运用。

Superpave沥青混合料设计采用全新的体系进行材料的选择、集料级配的选择、沥青混合料的沥青含量和沥青混合料性能验证，其设计步骤如下[28-32]：

a. 选择符合规范要求的胶结料和集料；

b. 按照规范要求试拌三个合成级配，对每一种合成级配，根据相似材料的经验或通过估计合成级配的有效相对密度计算得到胶结料含量，用旋转压实仪（SGC）成型试件并分析试件的体积参数对合成级配进行评价；

c. 对选定的合成级配进行沥青胶结料含量的确定；

d. 最大压实数（N_{max}）的验证；

e. 设计沥青混合料的水敏感性评估。

④ GTM法[33-38] 旋转试验机（GTM）是指美国工程兵旋转压实机，其最初是为了解决轰炸机跑道容易破损的问题而研发的，后来被用于重交通沥青路面设计中。

沥青混合料在受到设定荷载作用下（相当于实际路面受到车辆最大荷载作用），经过GTM的不断压实、揉搓和剪切，最终达到平衡状态（所谓平衡状态，是指每旋转100次试件的密度变化率为0.016g/cm^3）。GTM能够自动记录试件成型过程中应力、应变和抗剪强度等参数，同时能得到沥青混合料平衡状态下的最终塑性形变，进而确定沥青混合料的最大沥青用量。GTM能够同时完成混合料力学剪切试验、压实成型试验和车辆模拟等试验，不像其他设计方法还需对成型试件进行各项指标进行测试。因此，GTM法具有设计过程简单、成本较低等优点。

但是，早期的GTM法主要是以预防车辙为主要目标，设计沥青用量偏少，容易出现松散等病害。另外，GTM设备价格较昂贵，很难在施工和设计等单位推广应用。

以上几种沥青混合料设计方法在原材料选择、级配确定、试件成型方法、最佳沥青用量确定等方面均有所区别，为了对比分析以上设计方法对沥青混合料性能的影响，国内学者开展了大量研究工作。

杜群乐等[39] 采用AC-13、AC-20和AC-25三种混合料级配，分别采用GTM设计方法与马歇尔设计方法进行混合料设计，利用MTS810型材料试验机对采用应力控制模式旋转压实和马歇尔击实两种设计方法下的沥青混合料的疲劳特性进行了对比分析，得出如下结论：对 AC-13 沥青混合料，采用旋转压实设计出的混合料疲劳性能明显优于马歇尔击实法成型的混合料疲劳性能；对 AC-20 沥青混合料，采用旋转压实设计出的混合料疲劳性能略优于马歇尔击实法成型的混合料疲劳性能；而对于 AC-25 沥青混合料，旋转压实下疲劳性能与马歇尔击实下疲劳性能相比互有好坏。唐秀明[40] 对采用 GTM 设计方法与马歇尔设计方法设计的 AC-13 沥青混合料的路用性能进行了系统研究分析，得出以下结论：GTM 方法设计的混合料具有油石比小、混合料密度较大、空隙率小和饱和度大等特点，因此，基于 GTM 法设计的混合料在抗车辙能力、低温抗裂性、水稳定性和耐久性方面均优于马歇尔法设计的沥青混合料。

另外，马士杰等[41] 通过对比分析利用 Superpave 法和马歇尔法对不同集料、不同合成级配制备的沥青混合料的空隙率和体积指标，得出以下结论：采用 Superpave 旋转压实仪成型的沥青混合料空隙率要比采用马歇尔击实成型的混合料小，但两种设计方法设计的混合料体积指标没有一一对应关系。张方方等[42] 同样分别利用以上两种设计方法进行混合料级配的选择和最佳沥青用量的确定，并着重对两种设计方法成型的 SUP-25 和 AC-25 沥青混合料的抗车辙性能进行了对比分析。同样得出了采用 Superpave 法设计的沥青混合料的抗车辙性明显优于采用马歇尔法设计的混合料的结论。

以上研究都验证了 Superpave 设计法能够设计出性能更加优异的沥青混合料，其在材料选择、级配选择、最佳沥青用量确定等实验室测试方面提出的新技术更能够反映现场对沥青混合料路用性能的要求。

由于本章主要研究沥青砂的蠕变及恢复特性，并基于分数阶导数理论构建沥青砂的蠕变本构方程。因此，采用简单方便的马歇尔配合比设计方法进行沥青混合料配合比设计。由于矿料级配对沥青混合料性能影响较大，为了尽量保证试验的可重复性，本书将所有集料统一筛分成各小挡材料，然后按照《公路沥青路面施工技术规范》(JTG F40—2004)[23] 规定的 AC-13 和 AC-20 两种沥青混合料矿料级配中值进行矿料级配组成设计，这样就能够保证试件矿料级配的稳定性，进而尽可能降低由于原材料的不均匀性带来的试验误差，同时也可以进一步探讨粒径尺寸对沥青混合料蠕变恢复特性的影响。AC-13 和 AC-20 两种沥青混合料矿料级配组成如表 5.4 和表 5.5 所示，按照级配中值进行矿料级配组成设计成的沥青混合料为粗型密级配沥青混合料。

表 5.4　AC-13 矿料级配范围

筛孔尺寸/mm 质量百分率/%	16	13.2	9.5	4.75	2.36	1.18	0.6	0.3	0.15	0.075
上限	100	100	85	68	50	38	28	20	15	8
下限	100	90	68	38	24	15	10	7	5	4
中值	100	95	76.5	53	37	26.5	19	13.5	10	6

表 5.5 AC-20 矿料级配范围

质量百分率/% \ 筛孔尺寸/mm	26.5	19	16	13.2	9.5	4.75	2.36	1.18	0.6	0.3
上限	100	100	92	80	72	56	44	33	24	17
下限	100	90	78	62	50	26	16	12	8	5
中值	100	95	85	71	61	41	30	22.5	16	11

由于沥青砂主要是由直径小于2.36mm的材料组成，因此，可以由AC-13C和AC-20C两种沥青混合料级配组成推算出AS-13和AS-20沥青砂的级配组成，如表5.6和表5.7所示。

表 5.6 AS-13 沥青砂级配组成

类型 \ 累计通过百分率/% \ 粒径/mm	2.36	1.18	0.6	0.3	0.15	0.075
AS-13	100	71.62	51.35	36.49	28.38	16.22

表 5.7 AS-20 沥青砂级配组成

类型 \ 累计通过百分率/% \ 粒径/mm	2.36	1.18	0.6	0.3	0.15	0.075
AS-20	100	75	53.33	36.67	28.33	16.66

（2）沥青砂最佳沥青用量的确定

沥青砂的最佳沥青用量确定方法主要有以下三种。

① 体积比法　体积比法是按照砂粒与沥青的体积比确定，但这种方法缺乏理论基础，并且需要提前设定沥青砂的空隙率，与实际成型的沥青砂的空隙率有所差别。如本章文献3按照体积比制作沥青砂试件，砂粒由拌合厂提取的机制砂筛分得到，砂粒的粒径范围为1.18～2.36mm，砂粒占64%，按照4%的空隙率制作沥青砂试件，试件直径为50mm、高50mm，采用一次性压缩成型。而本书中采用比表面积法确定的沥青砂试件的空隙率在1.5%±0.3%。

② 逆推法　逆推法[43]是通过计算粗集料包裹沥青量，进而求出剩余部分即为细集料沥青用量，再通过细集料所占集料的质量比例求出沥青砂浆的沥青用量。但是此方法需要给定沥青薄膜厚度，而集料表面裹覆沥青薄膜厚度不一，并且无法精确测定其厚度，这都给沥青砂最佳沥青用量的确定带来了一定误差。此方法计算过程如下。

假设沥青混合料由无数个形状为球体的粗细集料及外部均匀包裹着的沥青组成，粗集料按照粒径大小分成i级（i分别为1，2，…，n），可以计算得到其中某个粗集料和包裹的沥青总体积为

$$V_{ti}=V_{si}+V_{ai} \tag{5.5}$$

式中　V_{si}——包裹在粗集料外部的沥青膜的体积；

V_{ai}——粗集料体积。

由球体的体积计算公式 $V=4\pi r^2/3$ 可得

$$V_{ti}=\frac{4}{3}(a_i+\mathrm{FE})^3=V_{si}+V_{ai}=\frac{4}{3}a_i^3+V_{si} \tag{5.6}$$

式中　FE——理清膜厚度；

a_i——第 i 级集料平均半径。

集料的颗粒总数目 N_i 可以表示为

$$N_i=\frac{m_i}{\gamma_i V_{ai}}=\frac{3m_i}{4\gamma_i \pi a_i^3} \tag{5.7}$$

式中　m_i——集料的质量；

γ_i——集料的毛体积密度。

由上述公式可以计算得到粗集料外部包裹的理清体积 V_c 为

$$V_c=\sum_{i=1}^{n}V_i=\sum_{i=1}^{n}\frac{m_i\left[(a_i+\mathrm{FE})^3-a_i^3\right]}{\gamma_i a_i^3} \tag{5.8}$$

进而可求得沥青砂浆中油石比 C_{fa} 为

$$C_{fa}=\frac{mC_a-V_c\gamma_a}{mP_f} \tag{5.9}$$

式中　m——集料的总质量；

C_a——沥青混合料油石比；

γ_a——沥青密度；

P_f——集料中细集料所占质量百分比。

③ 比表面积法　比表面积法[44] 是通过计算集料的比表面积来确定以细集料为主的沥青砂的沥青用量。比表面积法计算过程浅显易懂，并且具有一定的理论依据。由于本书中 AS-13 沥青砂的级配与 AC-13C 沥青混合料的级配相同，用于沥青砂的集料所占比例与沥青混合料中的细集料的比例相同。因此，可以首先确定沥青混合料的最佳沥青用量（通过马歇尔试验确定 AC-13C 型和 AC-20C 型沥青混合料的最佳沥青用量分别为 4.76％和 4.03％），然后再采用比表面积法计算得到 AS-13 和 AS-20 两种沥青砂的最佳沥青用量分别为 10.11％和 9.69％。

5.4.3　沥青砂单轴静载蠕变恢复试验

5.4.3.1　单个沥青砂试件所需原材料质量确定方法

由于沥青砂主要由沥青和细集料组成，并且空隙率较小，因而不宜用马歇尔试验确定其最佳沥青用量。为此，本书分别采用真空法（图 5.4）和溶剂法测得 AS-13 沥青砂的理论最大密度分别为 2.28g/cm^3 和 2.346g/cm^3。可以看出，真空法测试的结果偏小，可能是因为沥青砂空隙率小，使用理论最大相对密度试验仪不能把混合料内部的空气全部抽走的原因。因此，以溶剂法测定的密度计算制备单个沥青砂试件需要原材料的质量。

5.4.3.2 试件制作方法

按照《公路工程集料试验规程》(JTG E42—2005)[22] 和《公路工程沥青及沥青混合料试验规程》(JTG E20—2011)[44] 的要求准备矿料和沥青，利用反力框架采用静压法制作 ϕ50mm×50mm 的圆柱形沥青砂试件（图 5.5～图 5.8），试件空隙率控制在 1.5%±0.3%以内。由于沥青砂中集料较细且沥青含量较高，因此采用人工拌制静压成型，试件的高度控制在 50mm±2mm 以内。

图 5.4 理论最大相对密度试验仪

图 5.5 试模及压头

图 5.6 静压成型

图 5.7 试件脱模

图 5.8 制备好的部分沥青砂试件

5.4.3.3 试验结果及分析

(1) AS-13 沥青砂试验结果及分析

AS-13 沥青砂在 0.2MPa 荷载及不同温度（20℃、30℃、40℃、50℃和 60℃）条件下的单轴静载蠕变恢复试验结果如图 5.9 所示。由图 5.9 可以得出如下结论。

① 沥青砂在低温（沥青的软化点为 48.3℃，试验温度分别为 20℃、30℃和

40℃，均低于沥青软化点）条件下，沥青砂的蠕变特性具有明显的阶段性，主要包含了瞬时弹性变形、衰减蠕变阶段和稳定蠕变阶段，且随着温度的升高，衰减蠕变阶段和稳定蠕变阶段越来越不明显；沥青砂的恢复阶段主要包括瞬时弹性恢复变形阶段、衰减蠕变恢复阶段和稳定蠕变恢复阶段。在高温（沥青的软化点为 48.3℃，试验温度分别为 50℃和 60℃，试验温度均高于沥青软化点）条件下，沥青砂在未进入稳定蠕变阶段就直接进入加速蠕变阶段直至破坏，可以看出，沥青材料的软化点和试验温度是影响沥青砂蠕变恢复特性的重要因素。

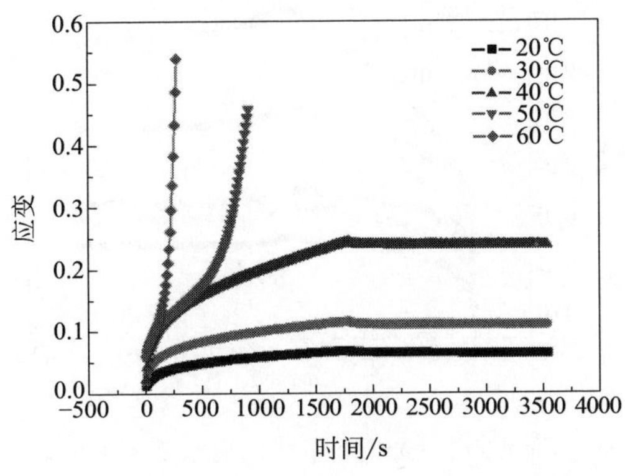

图 5.9　AS-13 不同温度条件下的沥青砂蠕变恢复曲线（0.2MPa）

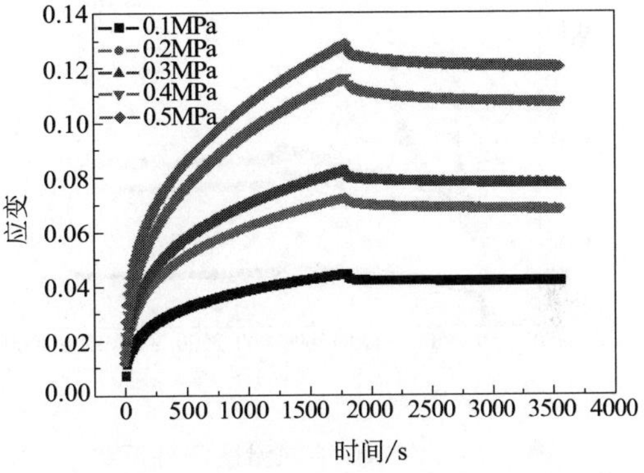

图 5.10　AS-13 不同应力水平下的沥青砂蠕变恢复曲线（20℃）

② 随着试验温度的升高，沥青砂产生的瞬时弹性变形和最大变形逐渐增大。当试验温度为 50℃（高于沥青软化点）时，沥青砂的瞬时弹性应变为 5.812%，分别是试验温度为 20℃、30℃和 40℃条件下瞬时弹性应变的 4.56 倍、3.20 倍和 2.54 倍；当试验温度为 60℃时，沥青砂的瞬时应变为 5.939%，分别是试验温度为 20℃、30℃和 40℃条件下瞬时弹性应变的 4.66 倍、3.27 倍、2.59 倍。

③ 在低温条件下，沥青砂的蠕变恢复曲线最终趋于稳定，但均有一定的塑性变形不能恢复，且随着试验温度的升高，其不能恢复的塑性变形越来越大。

AS-13 沥青砂在 20℃环境条件及不同应力水平（0.1MPa、0.2MPa、0.3MPa、0.4MPa 和 0.5MPa）下的单轴静载蠕变恢复试验结果如图 5.10 所示。由图 5.10 可以得出如下结论。

① 在 20℃试验温度条件下，随着加载应力的增大，沥青砂的瞬时弹性应变逐渐增大，由 0.77%逐渐增加大至 1.557%；

② 随着蠕变时间的增加，不同应力条件下的蠕变曲线均经历了瞬时弹性变形阶段、衰减蠕变阶段。但当应力较小时，蠕变曲线还包含稳定蠕变阶段，随着应力的增大，稳定蠕变阶段越来越不明显。

(2) AS-20 沥青砂试验结果及分析

AS-20 沥青砂在 0.2MPa 荷载作用及不同温度（20℃、30℃、40℃、50℃和

60℃）条件下的单轴静载蠕变试验结果如图 5.11 所示，在 20℃环境条件下不同应力水平（0.1MPa、0.2MPa、0.3MPa、0.4MPa 和 0.5MPa）下的单轴静载蠕变恢复试验结果如图 5.12 所示。由图 5.11 和图 5.12 可以看出，AS-20 沥青砂的蠕变恢复特性与 AS-13 沥青砂蠕变恢复特性规律基本一致，但是对任意相同条件下，AS-20 沥青砂的最大蠕变应变均比 AS-13 小，可能是 AS-13 沥青砂粗粒径颗粒所占比例较大的原因。

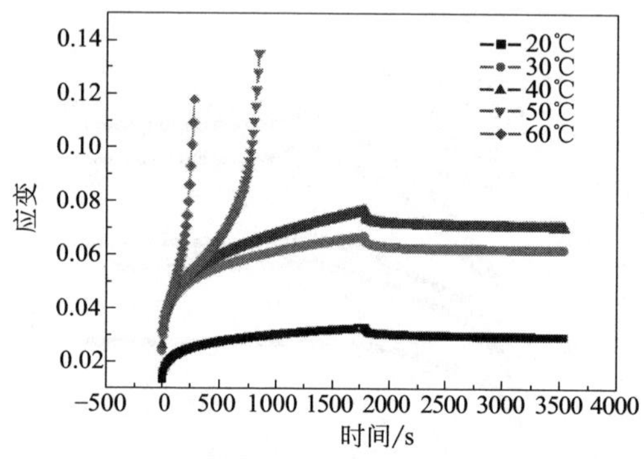

图 5.11 AS-20 不同温度条件下的沥青砂蠕变恢复曲线（0.2MPa）

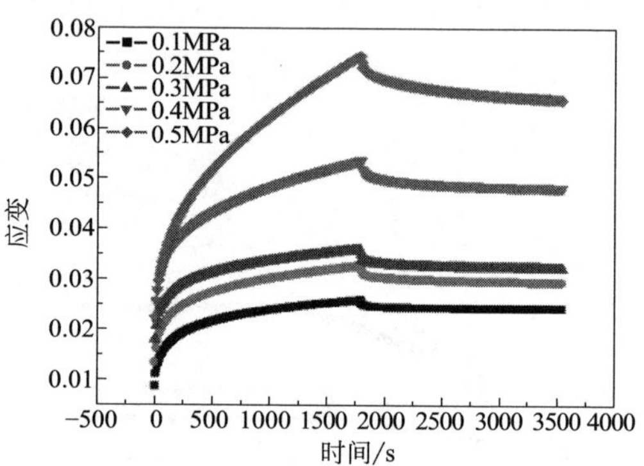

图 5.12 AS-20 不同应力水平下的沥青砂蠕变恢复曲线（20℃）

5.5 模型验证与分析

5.5.1 基于本书试验结果的模型验证与分析

利用本书新提出的改进分数阶导数幂函数经验蠕变本构模型式(5.3) 和式(5.4) 对沥青砂（温度条件为 20℃，应力水平分别为 0.1MPa、0.2MPa 和 0.3MPa）的蠕变恢复试验结果进行拟合分析，试验结果和拟合曲线见图 5.13 和图 5.14，利用本模型拟合得到的模型参数及拟合曲线决定系数如表 5.8 和表 5.9 所示。由这些图表可以得出以下结论。

① 在不同应力水平条件下，AS-13 和 AS-20 两种沥青砂的加载阶段拟合曲线的最小决定系数分别为 0.9950 和 0.9878，卸载阶段拟合曲线的最小决定系数分别为 0.9882 和 0.8907，说明本书提出的本构模型能够较好地描述沥青砂在不同应力水平条件下的蠕变及恢复变形特性；

② 随着应力水平的提高，沥青砂的初始瞬时弹性应变逐渐增大，材料参数 a 逐渐变小，而 α 逐渐变大，说明其表现出来的黏性越来越强；

③ 对任一应力条件下，AS-13 沥青砂材料参数 a 均比 AS-20 沥青砂的大，而 α 也具有类似的规律（0.5MPa 应力条件下，由于应力过大，导致沥青砂产生较大的不可恢复变形，对参数 α 产生一定的影响），这说明与 AS-20 沥青砂相比，AS-13 沥青砂由于沥青含量较大而具有较强的黏性性能，这与 α 反映的物理意义

一致。

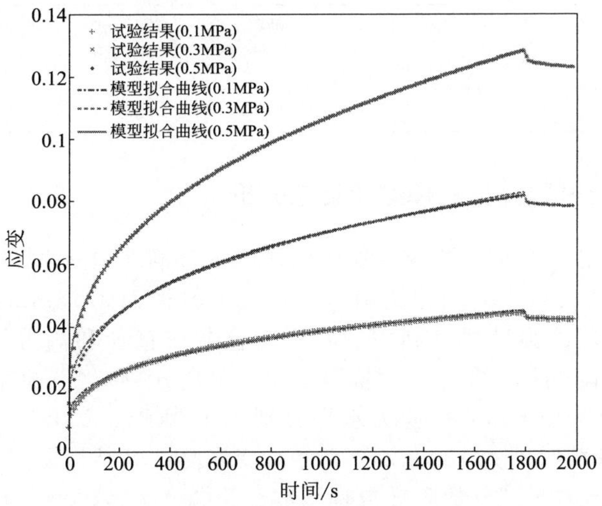

图 5.13 AS-13 不同应力水平下的蠕变恢复试验结果及模型拟合曲线（20℃）

表 5.8 AS-13 不同应力水平下的模型拟合参数（20℃）

应力/MPa	a	α	决定系数	b	β	决定系数
0.1	0.02954	0.3390	0.9950	0.0007269	0.4197	0.9882
0.3	0.01578	0.3598	0.9967	0.0002224	0.5741	0.9918
0.5	0.01314	0.3797	0.9995	0.0008817	0.3788	0.9992

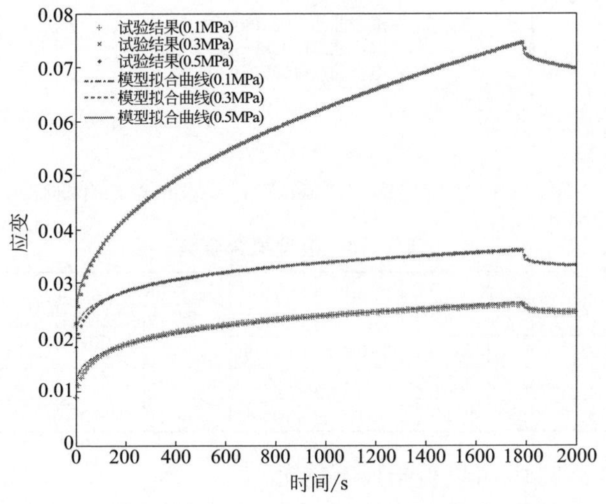

图 5.14 AS-20 不同应力水平下的蠕变恢复试验结果及模型拟合曲线（20℃）

表 5.9 AS-20 不同应力水平下的模型拟合参数（20℃）

应力/MPa	a	α	决定系数	b	β	决定系数
0.1	0.02417	0.2648	0.9878	0.0027260	0.3050	0.8907
0.3	0.00860	0.2605	0.9904	0.0016720	0.2558	0.9962
0.5	0.00357	0.4503	0.9996	0.0009557	0.3787	0.9997

5.5.2 基于已有试验结果的模型验证与分析

Satyakumar 等[45] 采用蠕变恢复试验研究了沥青砂在不同应力水平下的蠕变恢复特性，试验原材料主要为粗集料（公称最大粒径为 4.75mm）、细集料、填料和 SBS 改性沥青，试验试样（利用旋转压实仪制成直径和高分别为 100.0mm 和 72.2mm 的圆柱体试件）的沥青含量为 8%（质量分数），空隙率为 4%（体积分数），试验温度为（30±1)℃，应力水平分别为 100kPa、200kPa 和 300kPa，加载时间为 3600s，卸载时间为 1800s，沥青砂蠕变恢复试验结果见图 5.15。

基于本书提出的改进分数阶导数幂函数经验蠕变本构模型，利用 MATLAB 软件对上述试验结果进行拟合分析，结果见图 5.15 和表 5.10。

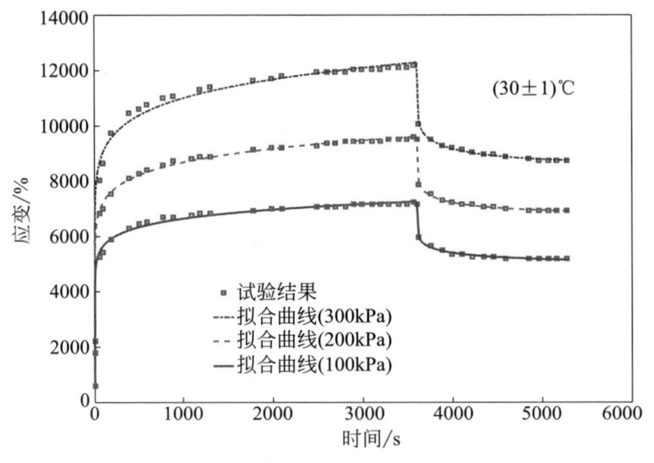

图 5.15 沥青砂蠕变恢复试验结果及模型拟合曲线

表 5.10 模型拟合参数

应力水平/kPa	a	α	b	β	ε_0	ε_t	R^2		b/a	β/α	$\varepsilon_t/\varepsilon_0$
							加载阶段	恢复阶段			
100	0.03575	0.0759	0.008634	0.1319	0.006027	0.011798	0.9952	0.9749	0.2415	1.7376	1.957410
200	0.01724	0.1001	0.005512	0.1349	0.008929	0.008258	0.9977	0.9816	0.3197	1.3477	0.924927
300	0.01394	0.1073	0.004656	0.1407	0.007409	0.006817	0.9901	0.9901	0.3340	1.3113	0.920036

由图 5.15 和表 5.10 可以得出以下结论。

① 在不同应力水平条件下，加载或卸载各段拟合曲线的决定系数最小为 0.9749，最高为 0.9977，说明本书提出的本构模型能够较好地描绘沥青砂在不同

应力水平条件下的蠕变及恢复变形特性。

② 随着应力水平的提高，在蠕变恢复试验加载阶段，沥青砂的瞬时弹性应变（ε_0）先增后减，材料参数 a 逐渐变小，α 逐渐变大，说明其表现出来的黏性越来越强；在卸载阶段，随着应力水平提高，材料参数 b 逐渐变小，β 逐渐变大。

③ 不同应力水平下，卸载阶段与加载阶段的材料参数之比（b/a）基本为一常数，说明在不同应力水平下，沥青砂的黏弹性质基本一致。

④ 同一温度下不同应力水平的 α 值相差不大，特别是应力水平为 200kPa 和 300kPa 的 α 值相当接近。由于 α 反映材料的黏弹特性，因此，可以通过比较 $1/\alpha$ 值的大小来判断沥青砂的高温性能，$1/\alpha$ 越大，说明沥青砂材料的高温性能越好。

以上分析进一步表明，改进分数阶导数幂函数经验蠕变本构模型不但能精确描述沥青砂单轴静载蠕变恢复试验的蠕变及恢复变形特性，还能描述蠕变恢复试验加载和卸载时产生的瞬时应变，进而能够描绘沥青砂的整个蠕变恢复变形过程。

5.6 本章小结

① 通过对 AS-13 和 AS-20 两种沥青砂在不同温度和不同应力条件下的单轴静载蠕变恢复试验结果分析可知：沥青的软化点和试验温度是影响沥青砂蠕变恢复变形特性的重要因素。在软化点以下温度，沥青砂的蠕变主要包含了瞬时弹性变形、衰减蠕变阶段和稳定蠕变阶段，沥青砂的恢复阶段主要包括瞬时弹性恢复、衰减蠕变恢复阶段和稳定蠕变恢复阶段；在软化点以上温度，沥青砂的蠕变变形在未进入稳定蠕变阶段就直接进入加速蠕变阶段直至破坏。

② 根据沥青砂的蠕变恢复变形特性，基于分数阶导数理论，提出了一种改进的分数阶导数幂函数经验蠕变本构模型，针对此模型，提出了相同温度条件下，$1/\alpha$ 作为不同沥青砂的抗变形能力评价指标。通过 AS-13 和 AS-20 两种沥青砂不同温度及应力条件下的单轴静载蠕变恢复试验研究，并利用已有沥青砂蠕变恢复试验结果对模型参数进行了拟合分析，进一步讨论了其变化规律及主要影响因素，结果表明，改进分数阶导数幂函数经验蠕变本构模型能够较好地描述沥青胶砂的蠕变及恢复特性，并能够反映温度对其蠕变变形的影响，具有较为广泛的适用性，同时为进一步研究沥青混合料的永久变形特性提供了新的途径。

本章参考文献

[1] Li Y Q，Metcalf J B. Two-step approach to prediction of asphalt concrete modulus from two-phase micro-mechanical models [J]. Journal of Materials in Civil Engineering，2005，17 (4)：407-415.

[2] 叶永，杨新华，陈传尧．沥青砂蠕变特性及力学模型研究 [J]. 公路，2009，2：121-124.

[3] 蔡宜洲，叶永．沥青砂粘弹特性实验研究 [J]. 工程力学，2010，27 (S1)：200-204.

[4] 李锐铎，乐金朝，冯师蓉，等．沥青胶砂改进分数阶导数幂函数经验蠕变本构模型 [J]. 建筑材料学报，2015，18 (2)：237-242.

[5] DESHPANDE V S，CEBON D. Steady-state constitutive relationship for idealized asphalt mixtures [J]. Mechanics of Materials，1999，31 (4)：271-287.

[6] 王文进，余梁蜀．沥青砂浆的单轴拉伸蠕变特性 [J]. 西安理工大学学报，1999，15 (1)：145-149.

[7] D. Anderson，W. H. Goetz. Mechanical Behavior and Reinforcement of Mineral Filler Asphalt Mixtures [J] . Journal of the Association of Asphalt Paving Technologists，1973 ，42：37-66.

[8] L. Mo，S. Wu，M. Huurman，et al. Mortar fatigue model for meso-mechanistic mixture design of ravelling resistant porous asphalt concrete [J]. Materials and Structures，2014，47：947-961.

[9] 张先伟，王常明，王钢城，等．黄石淤泥质土的剪切蠕变特性及模型研究 [J]. 吉林大学学报：地球科学版，2009，39 (1)：119-125.

[10] 封基良，黄晓明．沥青粘结料粘弹性参数确定方法的研究 [J]. 公路交通科技，2006，23 (5)：16-19.

[11] 田莉，胡霞光，刘玉，等．沥青玛蹄脂粘弹性模型参数分段线性拟合法 [J]. 交通运输工程学报，2007，7 (3)：66-69.

[12] 侯航舰，胡霞光．沥青玛蹄脂粘弹性特性静态蠕变试验研究 [J]. 建筑材料学报，2008，11 (3)：292-298.

[13] 李晓军，江丽华．沥青砂浆粘弹特性试验与模型参数分析 [J]. 武汉理工大学学报，2011，33 (3)：82-86.

[14] 詹小丽，张肖宁，王端宜等．改性沥青非线性粘弹性本构关系研究及应用 [J]. 工程力学，2009，26 (4)：187-191.

[15] 银花，王大明，赵尘，等．沥青混合料分数导数粘弹性本构关系研究 [J]. 森林工程，2010，2：77-81.

[16] Oeser M，Pellinen T，Scarpas T，et al. Studies on creep and recovery of rheological bodies based upon conventional and fractional formulations and their application on asphalt mixture [J]. International Journal of Pavement Engineering，2008，9 (5)：373-386.

[17] Celauro C，Fecarotti C，Pirrotta A，et al. Experimental validation of a fractional model for creep/recovery testing of asphalt mixtures [J]. Construction and Building Materials，2012，36：458-466.

[18] 周志刚，刘飞，冯林．优化理论的沥青混合料蠕变本构模型经验性公式 [J]. 长沙理工大学学报：自然科学版，2009，6 (1)：6-9.

[19] 张丽娟，张肖宁，陈页开．沥青混合料变形的粘弹塑性本构模型研究 [J]. 武汉理工大学学报：交通科学与工程版，2011，35 (2)：289-292.

[20] Celauro C，Di Paola M，Lo Presti D，et al. Modeling of the viscoelastic behavior of paving bitumen fractional derivatives [J]. Meccanica dei Materiali e delle Strutture，2009，1 (2)：38-51.

[21] 何青峰．延安 Q2 黄土的力学及流变特性研究 [D]. 西安：长安大学，2008.

[22] JTG E42—2005 公路工程集料试验规程 [S].

[23] JTG F40—2004 公路沥青路面施工技术规范 [S].

[24] 贾渝，张全庚．论我国沥青混合料设计方法 [J]. 公路，2001 (8)：84-91.

[25] 吴超凡，童光明．对马歇尔设计方法与设计标准的几点看法 [J]. 湖南交通科技，2003，29 (3)：1-9.

[26] 美国沥青协会．高性能沥青路面（Superpave）基础参考手册 [M]. 江苏省交通科学研究院贾渝，曹荣吉，李本京编译．北京：人民交通出版社，2005，6-21.

[27] 吴垠，李长航，李昌洲，张廷国．沥青混合料设计的基本原理及主要方法综述 [J]. 黑龙江交通科技，2013，(9)：19-20.

[28] 沈金安．美国 SHRP 沥青新标准简介 [J]. 石油沥青，1993 (1)：64-67.

[29] 沈金安．SHRP 沥青新标准补充说明 [J]. 石油沥青，1993 (3)：55-59.

[30] 郝培文．沥青与沥青混合料 [M]. 北京：人民交通出版社，2009. 34-40.

[31] 郑南翔，张霞，李安．对 SHRP 沥青分级存在问题的探讨 [J]. 公路交通科技，2004，2 (9)：44-46.

[32] 李海军，黄晓明．SHRP 沥青性能分级度量的探讨 [J]. 公路交通科技，2006，23 (2)：36-38.

[33] 李家培，魏如喜．GTM 法改性沥青混合料配合比设计及应用 [J]. 中国市政工程，2001 (3)：13-16.

[34] 周卫峰．基于 GTM 的沥青混合料配合比设计方法研究 [D]. 西安：长安大学，2006.

[35] 吴传海，刘仰韶．基于 GTM 的抗车辙沥青混合料配合比设计方法 [J]. 武汉理工大学学报：交通科学与工程版，2012，36 (1)：51-55.

[36] 尚新鸿，赵伟，常安．GTM 法在重载交通公路沥青路面大中修设计中的应用 [J]. 中外公路，2008，28 (4)：73-76.

[37]　吴传海．重载交通沥青路面车辙成因及混合料组成设计研究［D］．西安：长安大学，2008.
[38]　朱宇杰．基于 GTM 法的抗车辙沥青混合料设计研究［D］．南京：南京林业大学，2011.
[39]　杜群乐，孙立军，黄卫东等．不同设计方法下沥青混合料疲劳性能研究［J］．同济大学学报：自然科学版，2007，35（9）：1204-1208.
[40]　唐秀明．沥青混合料马歇尔设计方法与 GTM 设计方法的对比研究［J］．公路，2009（3）：66-69.
[41]　马士杰，张岩，张燕燕．不同集料和级配沥青混合料 Superpave 与马歇尔法设计比较［J］．山东交通科技，2005（4）：20-24.
[42]　张方方，张婕，韩光，等．Superpave 与马歇尔两种沥青混合料设计方法探讨［J］．中外公路，2008，28（6）：236-239.
[43]　王志臣．基于细观力学的沥青混合料黏弹性能研究［D］，大连：大连海事大学，2011.
[44]　JTJ E20—2011，公路工程沥青及沥青混合料试验规程［S］.
[45]　Satyakumar Dr M，Wilson K C. Determination of fundamental properties of sand asphalt mixes［C］. In：Trends. India：College of Engineering Trivandrum. 10th National Conference on，2009. 203-209.

第6章

基于分数阶导数理论的沥青混合料永久变形特性研究

6.1 概述

车辙是沥青路面的主要病害之一，也是影响道路使用寿命、行车舒适性和安全性的重要因素。车辙主要由车辆荷载作用下路面各结构层产生的累积永久变形形成，由于我国沥青路面基层主要为半刚性基层，由路基土和半刚性基层产生的累积变形较小，沥青混合料高温永久变形是形成车辙的主要因素，因此，开展沥青混合料高温永久变形特性研究十分有必要。

目前用于研究沥青混合料永久变形的试验方法多种多样，根据测试方法特点的不同，可以分为经验测试方法和力学测试方法。

经验测试方法主要是利用仪器设备尽可能模拟车轮对路面施加的荷载，测试不同的路面结构在不同的环境条件下的变形特性，进而预测沥青路面的永久变形。具体的试验方法有车辙试验、大型环道试验、大型加速加载试验等方法[1]。经验测试方法具有简单直观的特点，并且综合考虑了路面材料的实际情况，但是其主要问题是不能够得通过测试得到路面的力学信息，不能够从力学基本原理解释路面的变形特性，不能够为该方法的推广和应用提供理论基础。

沥青混合料车辙试验主要用于测定沥青混合料的高温抗车辙能力，测试结果作为检验沥青混合料高温稳定性是否符合规范要求。车辙试验的试验体条件可根据有关规定和需要选用。一般情况下，试验轮轮压为 0.7MPa，试验环境温度为 60℃。根据区域不同，寒冷地区的试验温度也可采用 45℃，炎热地区的试验温度可以采用 70℃ 等，但应在报告中注明。采用轮碾成型机成型的试件尺寸一般为长 300mm、宽 300mm、厚 50mm 的长方体试件，也可以使用于现场切割制作长 300mm、宽 150mm、厚 50mm 的长方体试件。试件的厚度也可根据需要采用 40mm 或其他尺寸，试验也可以根据需要在试件干燥或浸水条件下进行测试，具体环境温度和试验条件应在试验报告中标明。

环道试验是一种简单形式的加速加载试验，但是由于室内试验很难模拟现场实体工程的物理力学及环境条件，而在室外对实际工程上进行测试和观测需要的时间较长。路面加速加载试验能够真实模拟车辆荷载，并能根据需要在短时间内施加要求的荷载作用次数，并能够模拟实际路面在不同环境及温度条件下的路面力学性质，逐渐受到工程学者的重视。

加速加载试验具有以下优点：

① 能够在较短的时间内施加需求的荷载作用次数，例如，一些加速加载试验能够在几个月或 2～3 年的时间内完成实际 15～20 年的车辆累计荷载作用次数；

② 加速加载试验系统能够控制施加在路面上的车辆荷载的大小和频率，有些封闭的加速加载试验系统还能够控制试验的温度、湿度来模拟一年四季的变化，还能够同时采集路面的试验数据。

加速加载系统在国际上得到了广泛的应用，美国的加利福尼亚州、印第安纳州等都建立了加速加载试验系统。国内的交通运输部公路科学研究院、东南大学、长沙理工大学、招商局重庆交通科研设计院有限公司也相继建立了加速加载试验系统，重庆交通大学也在进行加速加载试验系统的建造，该系统由山东交通学院机械厂和中集车辆（山东）有限公司组成的联合体制造和供应。

沥青混合料永久变形的力学测试方法是通过特定的试验测得沥青混合料的应力应变关系，依据这些关系得到表征沥青混合料抵抗永久变形能力的评价指标。力学测试方法主要的试验方法有轴向应力试验、蠕变试验、简单剪切试验等。蠕变试验可以分为单轴静载蠕变试验、三轴蠕变试验和弯曲蠕变试验。蠕变试验由于近似可以模拟路面在荷载作用下沥青混合料的变形机理，是研究沥青混合料变形特性的有效手段。通过蠕变试验，可以得到沥青混合料发生蠕变变形时的应力应变关系，进而研究沥青混合料的受力状态和变形行为。随着经济发展水平和测试技术的不断提高，这些试验方法的测试结果精度较高，能够为力学理论分析提供可靠的数据基础。

Molenaar[2] 和 Hafez[3] 通过无侧限蠕变试验对沥青混合料性能进行了研究。王后裕等[4] 通过分析沥青混合料加载时的“固结效应”和卸载时的“永久变形”等流变学特征，提出了一个较为实用的流变学模型，该模型的简化模型为

$$J(t-t')=\frac{1}{E_0}+q[1-\mathrm{e}^{-\lambda(t-t')}]+p\mathrm{e}^{-\gamma t'}[1-\mathrm{e}^{-\gamma(t-t')}] \tag{6.1}$$

当 $t>t'$时，用遗传积分表示的总应变为

$$\varepsilon(t)=\sigma_0 J(t)+\int_0^t J(t-t')\frac{\mathrm{d}\sigma}{\mathrm{d}t'}\mathrm{d}t' \tag{6.2}$$

可通过蠕变试验曲线确定式中参数。该蠕变柔量能够满足玻尔兹曼叠加原理，并且能够全面反映理清混合料流变学特征。

利用 MTS 分别对中粒式沥青混合料（AC-20）、粗粒式沥青混合料（AC-30）和沥青碎石（AM-30）进行 25℃温度条件下的蠕变恢复试验，试件为直径 10cm、高 10cm 的圆柱形试件，加载应力为 0.2MPa，加载时间为 3600s。依据试验结果得到的沥青混合料蠕变恢复曲线，并利用有约束最优化方法确定模型的 5 个参数。

周晓青等[5] 通过利用 MTS810 型多功能材料试验机对使用旋转压实仪制备的沥青混合料试件进行五级单轴压缩蠕变试验，试件为 SMA-16（4cm）＋AC-20（5cm）结构，利用旋转压实仪分次成型，施加荷载大小为 1.0MPa 和 1.3MPa，加载时间分别为 0.1s、1s、10s、100s 和 1000s，间歇为 2min、2min、24min 和 8min，试验环境温度为 60℃。基于蠕变试验结构，从能量角度分析了沥青混合料的变形机理，基于耗散能原理建立了永久变形与荷载作用大小和时间之间的关系，使用试验结果验证了模型的可靠性。

李辉等[6] 对 AC-20 改进型沥青混合料进行了单轴静载蠕变试验，试验采用的油石比分别为 3.9%、4.4%和 4.9%（最佳油石比为 4.4%），三种空隙率分别为 4%、6%和 8%（目标空隙率为 6%）。试件采用静压成型，试件尺寸为直径和高分别为 100mm 的圆柱体。使用 MTS810 型材料试验机，轴向压力为 0.2MPa，加载 3600s，试验环境温度为 40℃。利用幂函数 $D=at^m$ 对试验得到的蠕变柔量曲线进行拟合分析，研究结果表明，流变时间 F_t 与沥青混合料的高温稳定性具有又较好的相关关系，能够反映沥青混合料的高温稳定性，斜率 m 和截距 a 越大，沥青混合料的永久变形越大，但与沥青混合料的高温稳定性相关性较差。

冯林[7] 利用传统的伯格斯模型和“四单元五参数”的伯格斯模型对单轴静载蠕变试验数据进行了拟合分析，提出了基于 Levenberg-Marqurdt 和全局优化算法的非线性黏弹性本构模型。基于单轴蠕变试验结果，提出了一种新的黏弹塑性损伤本构模型、损伤理论的蠕变损伤模型。

朱云升等[8] 利用旋转压实仪成型了直径为 100mm，高为 150mm 的沥青混合料试验，并进行了 4 种应力水平（0.2MPa、0.4MPa、0.6MPa 和 0.8MPa）、3 种温度水平（45℃、60℃和 70℃）和 2 种空隙率（4%和 8%）水平下沥青混合料的重复加载动态蠕变试验，预载应力为 0.01MPa，加载时间为 120s，卸载时间为 120s，重复加载卸载 3 次，研究了永久变形与荷载作用次数关系曲线及竖向和横向流动数、竖向塑性应变、竖向塑性弹性应变比等永久变形参数。得出以下结论：沥青混合料横向失稳流动先于竖向流动失稳发生；重载条件下，车辆轴载增大对沥青路面永久变形的影响大于温度升高的影响。

张久鹏等[9] 通过对经典的伯格斯模型及修正的伯格斯都能够描述黏弹性材料的瞬时弹性变形和黏性变形，但是不能够描述材料出现的加速蠕变变形。作者将伯格斯模型中的元件 2 扩展为弹性模量随应变变化而不断减小的广义弹簧，并构建了新的非线性蠕变模型。给出了模型的参数确定办法，对模型的稳定条件和蠕变破坏进行了定义。

另外，张久鹏等[10] 以流变学模型理论为基础，在单轴压缩应力状态下，利用 Kachanov 蠕变损伤律得到损伤因子 D 的演化规律

$$D=1-\left(1-\frac{t}{t_R}\right)^{1/v+1} \tag{6.3}$$

沥青混合料的变形可以看成瞬时弹性变形 ε_e、瞬时塑性变形 ε_p 和黏塑性变形 ε_{vp} 组成，分别用弹簧和开尔文模型表示瞬时弹性和黏弹性部分，即

$$\varepsilon_e=\frac{\sigma}{E_e} \tag{6.4}$$

$$\varepsilon_{ve}=\frac{\sigma}{E_{ve}}(1-e^{-E_{ve}t/\eta_{ve}}) \tag{6.5}$$

式中　σ——施加的应力；

ε_e——瞬时弹性应变；

E_e——瞬时弹性模量；

ε_{ve}——黏弹性应变；

E_{ve}——开尔文模型的弹性模量参数；

η_{ve}——模型的黏滞系数参数。

利用 Uzan 提出的黏塑性应变率，可得考虑损伤的蠕变方程为

$$\begin{aligned}\varepsilon=&\frac{\sigma_0}{\left(1-\frac{t}{t_R}\right)^{1/(v+1)}E_e}+\frac{\sigma_0}{\left(1-\frac{t}{t_R}\right)^{1/(v+1)}E_{ve}}\left(1-e^{-\frac{E_{ve}t}{\eta_{ve}}}\right)\\&+\left[\frac{B}{A}(n+1)\right]^{\frac{1}{n+1}}\left[\left(1-\frac{t}{t_R}\right)^{-1/(v+1)}\right]^{\frac{m}{n+1}}\sigma_0^{\frac{m}{n+1}}t^{\frac{1}{n+1}}\end{aligned} \tag{6.6}$$

并通过试验结果拟合分析，验证了该模型能够描述蠕变的 3 个阶段。

祁峰[11] 对 AC-13、AC-16 和 AC-20 三种不同的沥青混合料在不同温度（30℃、40℃和 50℃）和不同应力（0.3MPa、0.5MPa 和 0.7MPa）条件下进行单轴静载蠕变试验和重复加载蠕变试验（加载 0.1s，卸载 0.9s，加载次数为 5000 次），研究了不同条件、不同参数状态下的沥青混合料蠕变变形规律及相关关系，并提出了相应的力学参数，最后与车辙试验结果进行了对比分析。

周志刚等[12] 对沥青混合料在 40℃时 200kPa 荷载下和 40℃时 50kPa 荷载下的静态蠕变试验进行分析，发现传统的元件组合模型不能够同时描述黏弹性材料的“固结效应”和“流动破坏”效应。因此，该文基于 Levenberg-Marqurdt 理论和全局优化理，提出了一种经验型优化模型，该模型的目标函数为

$$y=\log_a(t+0.5)+k_5 \tag{6.7}$$

式中　y——应变值；

t——荷载作用时间；

a——黏弹性材料的黏弹性综合参数，即

$$a=k_1t^3+k_2t^2+k_3t+k_4 \tag{6.8}$$

式中　k_1，k_2，k_3，k_4，k_5——材料参数。

该模型参数可以利用 1Stop 软件进行求解，通过与试验结果对比分析，验证了该模型的适用性和准确性。

程小亮[13] 针对传统流变模型大都是线黏弹性，不能描述材料的非线性黏弹性蠕变曲线，提出了一种新的变截面黏壶来描述材料的非线性黏性流动，该流变元件能够描述黏弹性材料的加速蠕变阶段，在恒定应力 σ_0 作用下，该元件的蠕变方程为

$$\varepsilon=\frac{\sigma}{E}\left[1-e^{-\left(\frac{t}{t_c}\right)^n}\right] \tag{6.9}$$

式中　E，n，t_c——流变参数。

该变截面黏壶只具有黏滞性，没有弹性，因此没有瞬时变形，且应变随时间的增长而加速增大，卸载后永久变形不能够恢复。

沥青混合料的蠕变应变包含以下四个部分。

（1）弹性体的应变

$$\varepsilon_i^e=\frac{\sigma}{E_1} \tag{6.10}$$

式中 E_1——瞬时弹性模量。

（2）黏性体的应变

$$\varepsilon_{vf}^p=\frac{\sigma}{\eta_1}t \tag{6.11}$$

式中 η_1——黏滞系数。

（3）开尔文模型的应变

$$\varepsilon_{ve}^e=\frac{\sigma}{E}(1-e^{-\frac{E_2}{\eta_2}t}) \tag{6.12}$$

式中 E_2——材料处于黏性性状态时的弹性模量；

η_2——材料处于黏弹性状态时的黏滞系数。

（4）非线性黏壶的应变

$$\varepsilon_{vp}^p=\frac{\sigma}{E_3}[1-e^{-(\frac{t}{t_c})^n}] \tag{6.13}$$

式中 E_2——材料处于黏弹性状态时的弹性模量；

n，t_c——材料参数。

新构建非线性流变黏弹性蠕变模型由一个弹性体、一个黏性体、一个开尔文模型体和一个非线性黏壶体组成，其蠕变方程为

$$\varepsilon=\frac{\sigma}{E_1}+\frac{\sigma}{\eta_1}t+\frac{\sigma}{E}(1-e^{-\frac{E_2}{\eta_2}t})+\frac{\sigma}{E_3}[1-e^{-(\frac{t}{t_c})^n}] \tag{6.14}$$

利用此模型对 17 种沥青混合料进行的动态蠕变试验结果进行拟合分析，建立了黏弹性参数库。同时基于该非线性蠕变模型，建立了名义动稳定度与沥青混合料黏弹性参数之间的关系，构建了流动数 F_N 和名义动稳定度双评价指标，建立了沥青混合料高温性能评价方法。

朱洪洲等[14] 通过分析沥青混合料在周期荷载作用下的损伤变化规律，运用疲劳-蠕变耦合损伤理论，建立了疲劳-蠕变损伤效应共同作用时的损伤演化方程，提出了体现温度及应力影响的损伤模型和疲劳寿命预测模型，该模型为

$$D=1-\left\{1-[1-(1-D_Z)^{1+f(\sigma,P)}]\frac{N}{N_Z}\right\}^{\frac{1}{1+f(\sigma,P)}} \tag{6.15}$$

式中 $f(\sigma,P)$——与 P 和 σ 有关的函数。

曾国伟等[15] 在三元件黏弹性模型基础上耦合一个连续性损伤因子，构建一个能够描述沥青混合料三阶段蠕变全过程的损伤蠕变模型，该模型的蠕变本构方程为

$$\varepsilon(t)=\sigma_0\left[\frac{1}{E_1}+\frac{1}{E_2}(1-e^{-tE_2/\eta_2})\right]/(1+\frac{t}{t_f})^{1/(n+1)} \tag{6.16}$$

模型参数可以基于非线性最小二乘法原理通过非线性拟合得到，通过对 25℃温度条件下的不同应力水平（0.28MPa、0.71MPa 和 1.41MPa）条件下的蠕变试验结果拟合可知，该模型不仅能够描述沥青混合料的初期衰减蠕变和稳态蠕变，还能很好地描述沥青混合料的加速蠕变。

栗培龙等[16] 通过 3 种不同级配沥青混合料在不同应力水平和温度条件下的静态蠕变试验分析了沥青混合料的蠕变行为与机理，讨论了温度和荷载应力对沥青混合料蠕变速率的影响。

刘俊卿等[17] 将修正的伯格斯模型看成是 Van Der Pool 模型与一个非线性黏壶串联而成，并对该非线性黏壶进行修正，其黏度表达式为 $\eta_1=Ae^{Bt}$，因此修正的伯格斯模型的蠕变方程为

$$\varepsilon(t)=\sigma_0\left[\frac{1}{E_1}+\frac{1-e^{-Bt}}{AB}+\frac{1}{E_2}(1-e^{-\frac{E_2}{\eta_2}t})\right] \tag{6.17}$$

考虑到沥青混合料蠕变过程中只有非线性黏性元件出现损伤，因此将损伤本构方程 $\sigma'=\frac{\sigma}{1-D}$（$\sigma'$ 为有效应力；σ 为名义应力；D 为损伤因子）代入可得

$$\varepsilon(t)=\sigma_0\left[\frac{1}{E_1}+\frac{1-e^{-Bt}}{AB(1-D)}+\frac{1}{E_2}(1-e^{-\frac{E_2}{\eta_2}t})\right] \tag{6.18}$$

利用韦布尔函数定义的损伤演化方程 $D(t)=1-e^{-\frac{tm}{n}}$（m、n 为材料参数）可得考虑蠕变损伤的本构模型

$$\varepsilon(t)=\sigma_0\left[\frac{1}{E_1}+\frac{(1-e^{-Bt})e^{-\frac{tm}{n}}}{AB(1-D)}+\frac{1}{E_2}(1-e^{-\frac{E_2}{\eta_2}t})\right] \tag{6.19}$$

通过对该模型的稳定性分析可知该模型能够较好地描述沥青混合料的蠕变变形，并且可以较好地反映沥青混合料的三个蠕变阶段，然后利用 Origin 软件对 SMA-13 和 AC-13 两种沥青混合料的单轴静载蠕变试验结果进行了拟合分析，得到该模型的相关参数及拟合曲线，结果表明：在高温条件下，该模型能够较好地描述沥青混合料的蠕变特性，而修正的伯格斯模型不能够描述沥青混合料的蠕变特性，并且在同样温度不同荷载条件下，修正的伯格斯模型在较低荷载作用下也能够描述沥青混合料的蠕变特性，相关系数达到 98.5%，但是当荷载变大时，修正的伯格斯模型已经完全不能够描述沥青混合料的蠕变破坏阶段的变形特性，而该文提出的模型无论高应力及低应力条件下均能较好地描述沥青混合料的蠕变特性，相关系数均在 94%以上。

张常富[18] 对 SMA-13、AC-16、AC-20、AC-25 和 ATB-25 五种级配的沥青混合料进行不同温度条件下动态蠕变试验及单轴贯入试验，并对不同级配、不同温度等条件下的动态模量、抗剪强度、动态蠕变模量、贯入模量等之间的关系进行了系统研究。

Zener 模型为标准线性固体模型，是常用的一种黏弹性本构模型，能够描述黏弹性材料的蠕变和应力松弛现象。康永刚等[19] 考虑到在应力作用下，材料的微观结构会发生一定的变化，进而影响材料的力学特性参数发生变化，因此，引入一个变参数黏壶，即

$$\sigma(t)=\eta_1(t)\frac{d\varepsilon(t)}{dt} \tag{6.20}$$

进而可以得到变参数 Zener 模型的本构方程为

$$\varepsilon(t)=\frac{\sigma_0}{E_3}-\frac{E_2\sigma_0}{E_3(E_2+E_3)}\exp\left[-\int_0^t \frac{E_2E_3}{\eta_1(t)(E_2+E_3)}dt\right] \tag{6.21}$$

假设黏滞系数 $\eta_1(t)=\eta_{10}t^{1-\alpha}$，因此可以得出变参数 Zener 模型的本构方程为

$$\varepsilon(t)=k_1-k_2\exp[-(k_3t)^\alpha] \tag{6.22}$$

式中，$k_1=\frac{\sigma_0}{E_3},k_2=\frac{E_2\sigma_0}{E_3(E_2+E_3)},k_3=\left[\frac{E_2E_3}{\eta_{10}\alpha(E_2+E_3)}\right]^{1/\alpha}$。

考虑到变参数 Zener 模型没法描述沥青混合料加速蠕变破坏的情形，还需增加一个描述加速蠕变阶段的变参数黏壶 $\eta_2(t)$，其蠕变函数为 $\eta_2(t)=\eta_{20}e^{-\gamma t}$。因此，该文构建了能够描述三阶段蠕变特性的本构模型为

$$\varepsilon(t)=k_1-k_2\exp[-(k_3t)^\alpha]+k_4e^{-\gamma t} \tag{6.23}$$

式中，$k_1=\frac{\sigma_0}{E_3}$，$k_2=\frac{E_2\sigma_0}{E_3(E_2+E_3)}$，$k_3=\left[\frac{E_2E_3}{\eta_{10}\alpha(E_2+E_3)}\right]^{1/\alpha}$，$k_4=\sigma_0/\eta_{20}$。

最后，利用该模型对试验结果进行了拟合分析，得到了改进后变参数 Zener 模型的参数，说明该模型能够描述 3 阶段蠕变变形特性。

高东东[20] 进行了沥青混合料 0.1～0.8MPa 共八种应力水平的蠕变试验，并采用 Findley 模型、时间硬化模型及其修正模型、简化的多重积分模型对沥青混合料的蠕变行为进行了系统分析，拟合分析所用的时间硬化模型表达式为

$$\varepsilon_c(t,\sigma)=A\sigma^nt^m \tag{6.24}$$

上述模型不能描述材料的瞬时弹性应变，因此，考虑了初始瞬时弹性应变的修正时间硬化模型表达式为

$$\varepsilon_c(t,\sigma)=\varepsilon_0(\sigma)+A\sigma^nt^m \tag{6.25}$$

考虑到工作量的大小及模型实际应用需求，选用多重积分模型的前三项对试验结果进行了拟合分析，简化的多重积分模型为

$$\varepsilon_c(t,\sigma)=\varepsilon_0(\sigma)+K_1^*(t)\sigma+K_2^*(t)\sigma^2+K_3^*(t)\sigma^3 \tag{6.26}$$

Findley 模型的第一部分相当于弹性材料的初始弹性应变，因此，将 Findley 模型可改写为

$$\varepsilon_c(t,\sigma)=\varepsilon_0(\sigma)+h_1(\sigma)J_1t^m \tag{6.27}$$

利用上述模型对试验结果进行了拟合分析，根据拟合优度比较分析，并结合拟合工作量考虑，认为在上述三种模型中，Findley 模型是最合适的描述沥青混合料非线性黏弹性蠕变变形的模型，时间硬化模型及其修正模型次之，简化的多重积分

模型要想达到满意的精度需要选取较多的多重积分而不宜作为描述沥青混合料蠕变变形的模型。

以上研究基于各种理论建立了多种沥青混合料蠕变本构模型，但是模型大都存在参数多、确定不方便等问题。

单轴静载蠕变试验方法使用仪器简单便宜并且便于操作而受到广泛应用[16,21]，但是单轴静载蠕变试验无法实现产生车辙时路面材料侧向约束作用的模拟。孙立军等[22-25] 提出了使用单轴贯入试验来评价沥青混合料的抗剪性能的方法，并进一步使用单轴贯入重复剪切试验研究了不同应力水平条件下沥青混合料的永久变形特性[26,27]。单轴贯入试验原理是在圆柱体试件上以 1mm/min 的加载速率施加荷载来模拟实际路面承受的车轮荷载，如图 6.1(a) 所示，试验试件为 ϕ100mm×100mm 或 ϕ150×100mm 的圆柱体，压头为直径 28.5mm 或 42.0mm 的圆形平面钢压头［单轴贯入压头示意见图 6.1（b）］。张宏[28] 通过利用有限元对车辙板的单轴贯入蠕变试验数值模拟的方法，得到了相应的试验参数，进而利用有限元对柔性基层沥青路面车辙变形进行了预估分析。李明月[29] 通过对加载围压的单轴贯入试验与车辙试验结果的对比分析，得出使用小马歇尔试件进行单轴贯入试验必然会增大沥青混合料尺寸效应引起的误差的结论。以上研究成果表明，虽然单轴贯入试验能较好地模拟车轮荷载作用下实际路面的受力状态，但是也有一定的缺陷。首先，单轴贯入试验加载速率为 1mm/min，可近似简化为静荷载，这与高速行驶的车轮动荷载作用有较大的区别，会造成沥青混合料试件内部应力与实际沥青路面内部应力分布有很大区别；其次，单轴贯入试验所用底部为平面的圆柱形钢压头会造成压头边缘处沥青混合料出现应力集中现象；再次，基于传统的理论无法合理解释单轴贯入试验的应力应变关系。

(a)单轴贯入试验

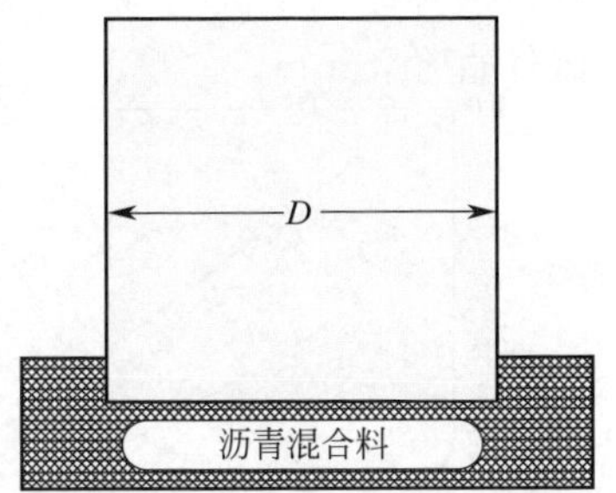

(b)单轴贯入压头示意

图 6.1　单轴贯入剪切疲劳试验装置[9]

D—压头直径

综合以上研究现状，考虑到单轴静载蠕变试验简单方便的优点，以 AC-13C 和 AC-20C 两种沥青混合料为研究对象，分别进行单轴静载蠕变恢复试验、沥青混合料单轴压缩试验（圆柱体法）、车辙等试验。针对沥青混合料单轴静载蠕变变形特性，基于分数阶导数理论建立同时考虑应力水平和温度水平的经验蠕变本构模型；

针对单轴贯入试验的不足，进一步对单轴贯入压头进行局部改造，使之圆柱形钢压头形状更加接近车辆轮胎荷载作用形式，然后进行变形强度试验，对变形强度与沥青混合料动稳定度等性能指标之间的相关关系进行系统研究，探讨其作为沥青混合料高温抗剪性能评价指标的可行性。

6.2 沥青混合料高温抗剪性能评价指标研究

6.2.1 沥青混合料单轴压缩试验

按照沥青混合料单轴压缩试验（圆柱体法）[30] 成型试件，使用美国 MTS (SANS) 公司 CMT5105 型微机控制电子万能试验机进行以上两种沥青混合料在 40℃、45℃、50℃、55℃和 60℃条件下的单轴压缩试验，经计算得到抗压强度和抗压回弹模量。

（1）抗压强度

按照式（6.28）计算沥青混合料的抗压强度，结果如图 6.2 所示，由图可知：两种沥青混合料的抗压强度都随着试验温度的升高而降低，当试验温度由 40℃升高到 60℃时，AC-13C 和 AC-20C 两种沥青混合料的抗压强度分别减少了 51.8%和 43.8%；利用一阶指数衰减函数对不同温度沥青混合料的抗压强度试验结果进行拟合分析可知，AC-13C 和 AC-20C 两种沥青混合料的抗压强度随着温度的升高呈一阶指数衰减，决定系数分别为 0.9587 和 0.9630。

$$R_c = \frac{4P}{\pi d^2} \tag{6.28}$$

式中 R_c——试件抗压强度，MPa；

P——试件破坏时的最大荷载，N；

d——试件直径，mm。

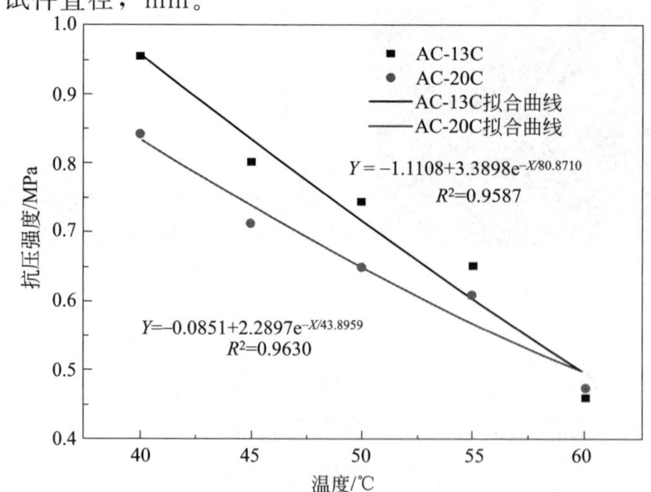

图 6.2 AC-13C 和 AC-20C 沥青混合料抗压强度与试验温度相关关系

(2) 抗压回弹模量

在进行沥青路面设计中，沥青混合料的回弹模量是重要的设计参数，是路面结构力学计算的基础，也是反映沥青混合料本身性能的重要参数。按照沥青混合料单轴压缩试验（圆柱体法）[30] 进行 AC-13C 和 AC-20C 两种沥青混合料分别在 40℃、45℃、50℃、55℃和 60℃条件下的抗压回弹模量试验，采用逐级加载逐级卸载的试验方法进行试验，然后按式（6.29）计算各级荷载下试件的实际承受压强 q_i，并记录各级荷载的压强 q_i 与回弹变形 ΔL_i，将 $q_i-\Delta L_i$ 关系绘制成平顺的连续曲线，使之与坐标轴相交得出修正原点，根据此修正原点坐标轴从第 5 级荷载（$0.5P$）读取压强 q_5 及相应的 ΔL_5，按式（6.30）计算沥青混合料试件的抗压回弹模量。

$$q_i=\frac{4P_i}{\pi d^2} \tag{6.29}$$

$$E'=\frac{q_5 h}{\Delta L_5} \tag{6.30}$$

式中 q_i——对应各级试验荷载 P_i 作用下的压强，MPa；

P_i——施加于试件的各级荷载值，N；

E'——抗压回弹模量，MPa；

q_5——相应于第 5 级荷载（$0.5P$）时的荷载压强，MPa；

h——试件轴心高度，mm；

ΔL_5——相应于第 5 级荷载（$0.5P$）时经原点修正后的回弹变形，mm。

图 6.3 为 AC-13C 和 AC-20C 两种沥青混合料分别在 40℃、45℃、50℃、55℃和 60℃条件下抗压回弹模量试验结果。从中可以看出：两种沥青混合料的抗压回弹模量随着试验温度的升高逐渐降低，当两种沥青混合料的试验温度从 40℃升高至 60℃时，其回弹模量分别降低了 64.6%和 58.4%，且同温度条件下的 AC-13C 沥青混合料比 AC-20C 沥青混合料的回弹模量小。

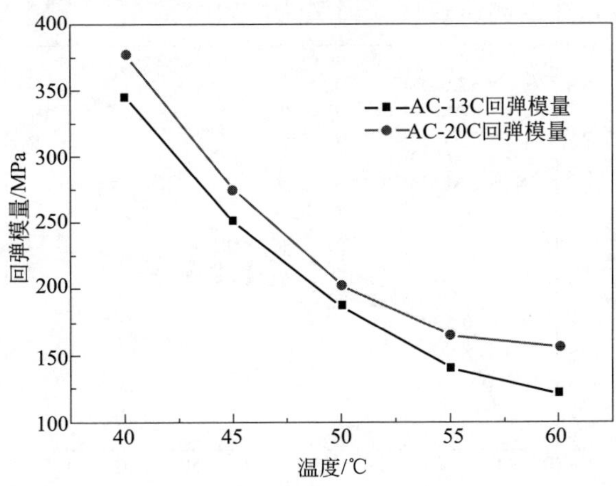

图 6.3 AC-13C 和 AC-20C 沥青混合料抗压回弹模量

6.2.2 沥青混合料车辙试验

采用轮碾法[30] 成型长、宽、厚分别为 300mm、300mm 和 5mm 的板块状车辙试件（图 6.4），然后利用意大利 Controls 公司生产的 77-B0350 型车辙仪（图 6.5）进行车辙试验。

图 6.4 部分车辙试件

图 6.5 车辙仪

图 6.6 和图 6.7 分别为 AC-13C 和 AC-20C 两种沥青混合料在 40℃、45℃、50℃、55℃和 60℃条件下的车辙变形与时间关系图，按照式（6.31）计算得到两种沥青混合料的动稳定度结果如表 6.1 所示。

$$\mathrm{DS}=\frac{(t_2-t_1)N}{d_2-d_1}C_1C_2 \tag{6.31}$$

式中 DS——沥青混合料的动稳定度，次/mm；

d_1——对应于时间 t_1 的变形量，mm；

d_2——对应于时间 t_2 的变形量，mm；

C_1——试验机类型系数，曲柄连杆驱动加载轮往返运行方式时取 1.0；

C_2——试件系数，实验室制备宽 300mm 的试件时取 1.0；

N——试验轮往返碾压速度，通常为 42 次/min。

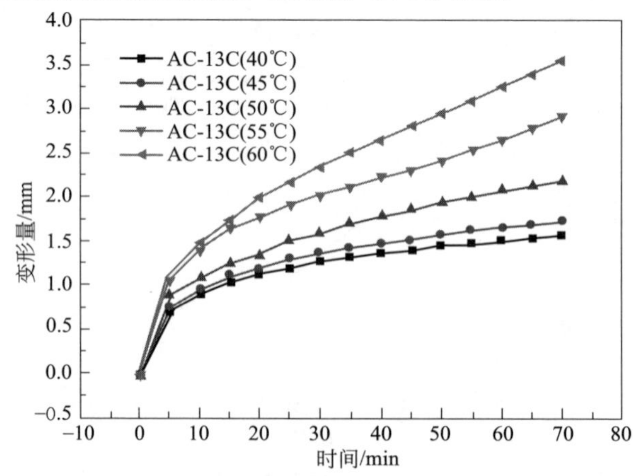

图 6.6 AC-13C 沥青混合料车辙变形曲线

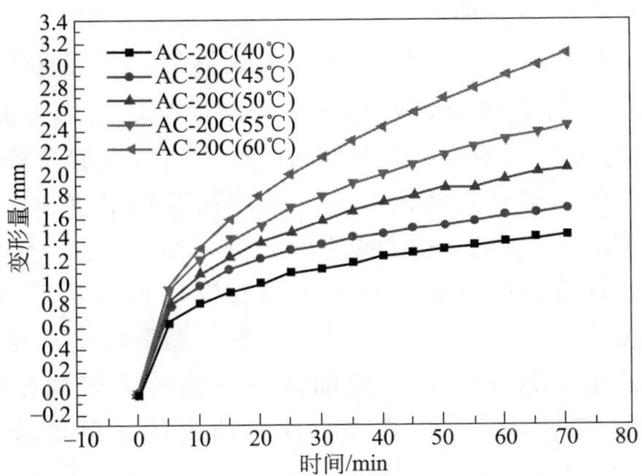

图 6.7　AC-20C 沥青混合料车辙变形曲线

表 6.1　AC-13C 和 AC-20C 沥青混合料动稳定度　　单位：次/mm

沥青混合料类型	动稳定度（40℃）	动稳定度（45℃）	动稳定度（50℃）	动稳定度（55℃）	动稳定度（60℃）
AC-13C	6775	5678	3895	2271	1752
AC-20C	7726	6547	5134	3285	2271

6.2.3　沥青混合料变形强度试验

6.2.3.1　变形强度试验目的

大量研究表明沥青路面的车辙病害与沥青混合料的抗剪性能有关，图 6.8 为沥青路面在车轮荷载作用下产生的车辙病害示意。Young 等[31] 认为变形强度法能够更好地模拟车辆轮胎荷载，并且在试验过程中采用了 50.8mm/min 的加载速率，能够更好地模拟高速行驶车辆产生的振动荷载，如图 6.9 所示。

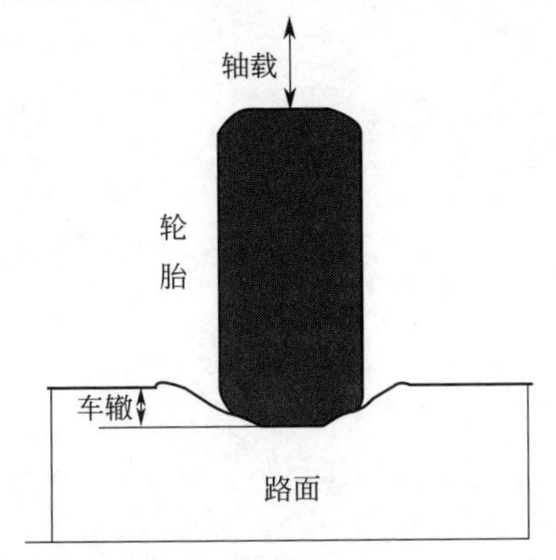

图 6.8　车轮荷载作用下产生的车辙病害示意

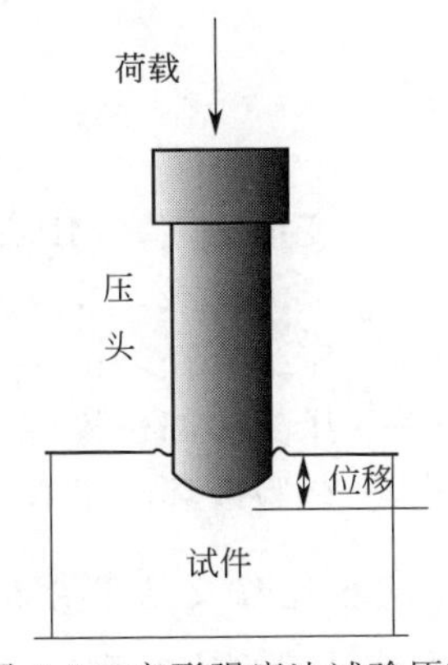

图 6.9　变形强度法试验原理

6.2.3.2 变形强度试验原理及方法

变形强度法（简称 S_D 法）与单轴贯入试验类似，但是采用特殊设计的压头，并采用 50.8mm/min 的加载速率，在描述沥青路面受剪破坏方面更具有优势。

S_D 法特殊设计的压头结构尺寸如图 6.10 所示。当施加荷载时，弧形边缘压头产生的变形包括初始的固结和连续的凹陷，随着荷载的继续，试件出现裂缝并沿试件切向传播而发生破坏。试件破坏时的情形如图 6.11 所示。传统的单轴贯入试验多基于弹性力学，计算抗剪强度时没有考虑沥青混合料的塑形变形，而 S_D 法计算沥青混合料的变形强度如式（6.32）所示，考虑了沥青混合料抗剪强度和塑形变形共同的影响，同时采用 50.8mm/min 的加载速率能够更好地模拟高速行车荷载的作用。因此，S_D 法能够更有效地模拟沥青路面所受的车辆荷载和沥青路面的破坏过程。

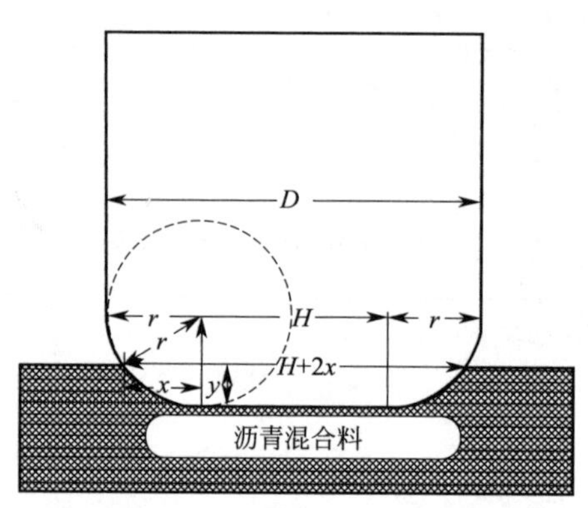

图 6.10 压头尺寸

（$D=40$mm；$r=10$mm；$H=20$mm）

x、y—与压头压入沥青混合料试件深度相关参数

图 6.11 破坏后的试件

（AC-13C 沥青混合料）

$$S_D=\frac{4P}{\pi\left[D-2(r-\sqrt{2ry-y^2})\right]^2} \tag{6.32}$$

式中 S_D——变形强度，MPa；

P——最大荷载，N；

D——压头直径，mm；

r——压头底部边缘圆弧半径，mm；

y——试验破坏时最大垂直变形，mm。

6.2.3.3 试验过程及结果分析

利用击实法成型直径和高分别为 152.4mm 和 95.3mm 的圆柱体大马歇尔试件（单面击实 75 次），冷却至室温后脱模。在试验前将试件放置恒温箱内保温 3h 以上，然后利用前述电子万能试验机（变形强度测试压头及试验装置如图 6.12 所示）进行加载试验，加载速率为 50.8mm/min，选取试件发生破坏时的峰值压力，按照式（6.32）计算沥青混合料的变形强度，同一试样进行三次平行试验，取三次试验平均值为最终试验结果，若其中一次试验结果与平均值误差超过±5%，需要重新补做试验。通过试验测得沥青混合料发生破坏时的最大荷载和最大垂直变形，利用式（6.32）计算得到 AC-13C 和 AC-20C 两种沥青混合料的变形强度，结果如图 6.13 所示。

图 6.12　变形强度测试压头及试验装置

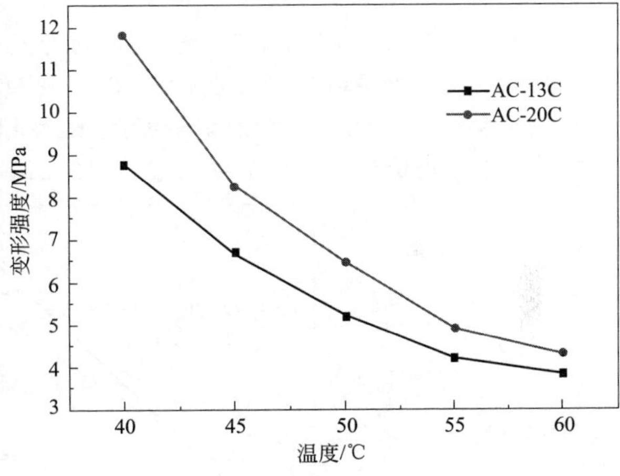

图 6.13　AC-13C 和 AC-20C 沥青混合料变形强度

由图 6.13 可知：AC-13C 和 AC-20C 两种沥青混合料的变形强度均随着试验温度的升高而降低，当温度从 40℃升高到 60℃时，其变形强度分别降低了 56.1%和 63.7%；两种沥青混合料的位移强度差值随着温度的升高逐渐减小，说明在高温条件下，AC-20C 沥青混合料的抗剪性能虽然比 AC-13C 沥青混合料强，但是随着温度的升高优势越来越小；在同一温度条件下，AC-13C 沥青混合料的变形强度值均比 AC-20C 沥青混合料低，这与抗压回弹模量试验结果规律一致。图 6.14 和图 6.15 分别为两种沥青混合料的变形强度与抗压强度及抗压回弹模量相关性分析图。可以看出：AC-13C 和 AC-20C 两种沥青混合料的变形强度与抗压回弹模量的线性相关性较强，两种沥青混合料的线性相关系数分别为 0.99992 和 0.9969；两种沥青混合料的变形强度与抗压强度线性相关性稍差，线性相关系数分别为 0.9292 和 0.9528，说明变形强度可以反映沥青混合料的抗压力学性能，同时也可以作为沥青混合料高温稳定性的评价指标之一。

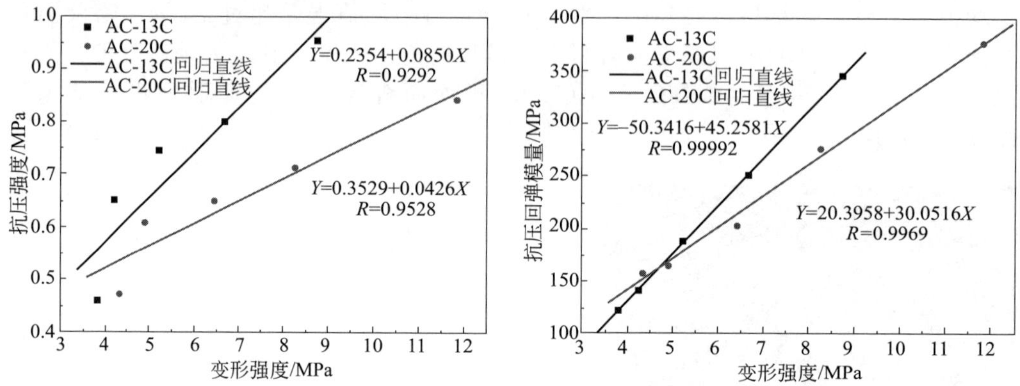

图 6.14　变形强度与抗压强度相关性分析　　图 6.15　变形强度与抗压回弹模量相关性分析

6.2.3.4　变形强度与动稳定度相关性分析

图 6.16 为 AC-13C 和 AC-20C 两种沥青混合料的变形强度与动稳定度相关性分析图，线性相关系数分别为 0.9756 和 0.9521。从中可以看出：两种沥青混合料在不同温度条件下的变形强度和动稳定度线性相关关系良好，进一步验证了沥青混合料的变形强度值也可以作为沥青混合料的高温抗剪性能评价指标。

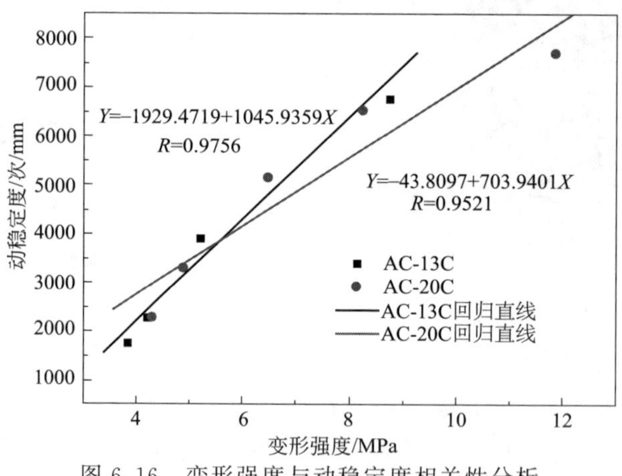

图 6.16　变形强度与动稳定度相关性分析

6.3　沥青混合料单轴静载蠕变恢复试验

6.3.1　试验方案

在进行沥青砂的单轴静载蠕变恢复试验前，已经进行了 AC-13C 和 AC-20C 两种沥青混合料的配合比设计，确定出了两种沥青混合料的最佳沥青用量分别为4.76%和4.03%。因此，在进行沥青混合料单轴静载蠕变恢复试验时，直接利用确定的沥青混合料的矿料级配及最佳沥青用量拌制沥青混合料，然后采用静压成型的方法制备直径和高分别为100mm的圆柱体试件（图6.17和图6.18）。同样使用美国MTS（SANS）公司CMT5105型微机控制电子万能试验机进行沥青混合料单轴静载蠕变恢复试验，考虑到与沥青砂的单轴静载蠕变恢复试验的可对比性，确定沥青混合料的单轴静载蠕变恢复试验方案为：

① 轴向压应力为0.2MPa或0.3MPa，试验温度分别为30℃、40℃、50℃和60℃；

② 试验温度为30℃，轴向压应力分别为0.1MPa、0.2MPa和0.3MPa；

③ 为了进一步比较分析应力水平和试验温度对沥青混合料的蠕变恢复特性的影响，对AC-20C沥青混合料加做轴向压力为0.3MPa和试验温度分别为30℃、40℃、50℃和60℃条件下的蠕变恢复试验。

图6.17 用于成型试件的试模

图6.18 成型的部分试件

6.3.2 沥青混合料单轴静载蠕变恢复试验结果及分析

试验过程中，为了消除压头与试件之间的接触影响，先以2mm/min的加载速度加载到78.5N并保载60s；再进行沥青混合料单轴静载蠕变恢复试验（图6.19），其中加载1800s，卸载1800s。同一试样进行3次平行试验，以最大蠕变变形值作为控制值，当每次试验测定值与平均值之差超过平均值的±5%时，该测定值应予以舍去并重新补做试验。

图6.19 沥青混合料单轴静载蠕变恢复试验

(1) AC-13C沥青混合料单轴静载蠕变恢复试验结果分析

图6.20为AC-13C沥青混合料在0.2MPa恒定应力和不同温度（30℃、40℃、50℃和60℃）条件下的蠕变恢复曲线。由图6.20可知，在0.2MPa荷载作用下，随着试验温度的升高，AC-13C沥青混合料的瞬时应变逐渐变大，且当试验温

度为60℃时，试件还未进入稳定蠕变阶段即加速变形并发生破坏。图6.21为30℃环境温度和不同应力水平（0.1MPa、0.2MPa和0.3MPa）条件下的蠕变恢复曲线。可以看出，同温度条件下（30℃），随着应力水平的提高，沥青混合料的最大蠕变变形逐渐增大，且增加幅度越来越大。

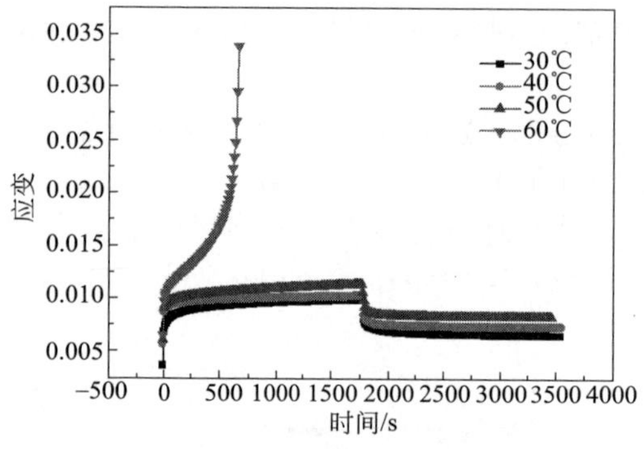

图6.20 AC-13C沥青混合料单轴静载蠕变恢复试验结果（0.2MPa）

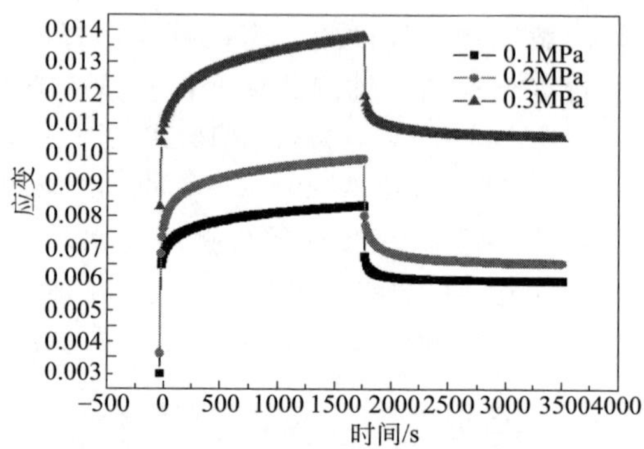

图6.21 AC-13C沥青混合料单轴静载蠕变恢复试验结果（30℃）

（2）AC-20C沥青混合料单轴静载蠕变恢复试验结果分析

AC-20C沥青混合料在0.2MPa和0.3MPa恒定应力和不同环境温度（30℃、40℃、50℃和60℃）条件下的蠕变恢复试验结果如图6.22和图6.23所示，在30℃环境温度和不同应力水平（0.1MPa、0.2MPa和0.3MPa）条件下的蠕变恢复试验结果如图6.24所示。可以看出：

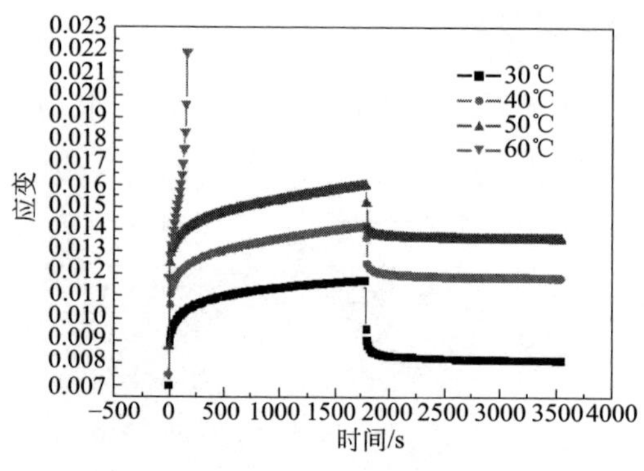

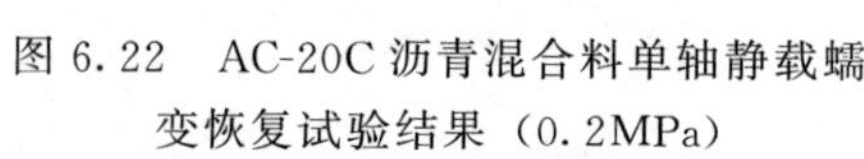

图6.22 AC-20C沥青混合料单轴静载蠕变恢复试验结果（0.2MPa）

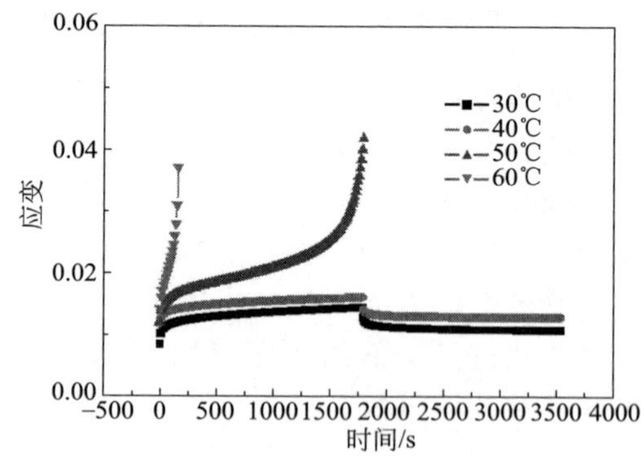

图6.23 AC-20C沥青混合料单轴静载蠕变恢复试验结果（0.3MPa）

① 在0.2MPa应力水平下，AC-20C沥青混合料的蠕变恢复试验曲线变化规律与AC-13C沥青混合料类似，但是在同条件下同时间的蠕变变形均比AC-13C沥青混合料蠕变变形大。AC-20C沥青混合料在0.2MPa应力及50℃温度下卸载前的最大应变为同时刻AC-13C沥青混合料的1.38倍。

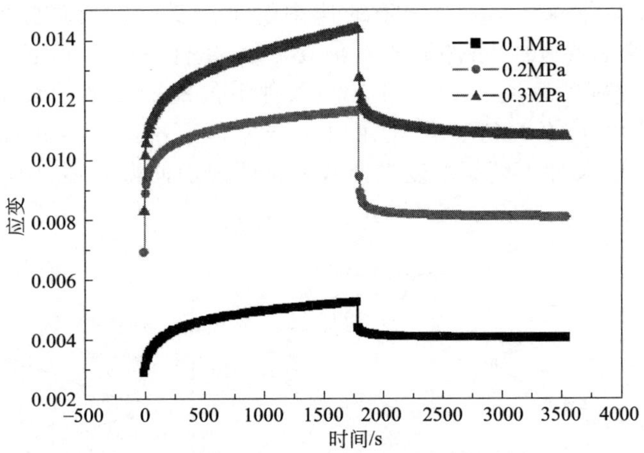

图 6.24　AC-20C 沥青混合料单轴静载蠕变恢复试验结果（30℃）

② 在 0.3MPa 应力水平下，AC-20C 沥青混合料的应变均有所增大，其中，AC-20C 沥青混合料在 0.3MPa 应力水平和 40℃温度条件下的卸载前最大应变为其在 0.2MPa 应力和 40℃温度条件下的 1.14 倍。

③ 随着应力水平由 0.2MPa 增大到 0.3MPa，AC-20C 沥青混合料发生加速蠕变，破坏温度从 60℃降到了 50℃，说明随着应力水平的提高，沥青混合料发生加速蠕变破坏的临界温度有所降低。

（3）AC-13C 和 AC-20C 沥青混合料稳态蠕变特性分析

与软土的蠕变特性类似，沥青混合料的蠕变在不同条件下也表现出 3 个不同的阶段：

① 衰减蠕变，蠕变变形迅速增大，但蠕变变形速率随时间增加而减小；

② 稳态蠕变，蠕变变形稳定增长，但蠕变变形速率基本保持不变；

③ 加速蠕变，蠕变变形速率随着时间的增加逐渐增大直至试件发生破坏。与软土蠕变影响因素不同的是，沥青混合料的蠕变变形特性受荷载和温度条件的共同影响，并且受温度高低的影响显著。AC-13C 沥青混合料在 0.2MPa 荷载下，当试验温度分别为 30℃、40℃和 50℃条件下蠕变变形均包含了衰减蠕变和稳态蠕变，而在 60℃条件下，沥青混合料未进入稳定蠕变状态即进入加速蠕变阶段；AC-20C 沥青混合料在 0.2MPa 荷载下，当试验温度为 60℃时，沥青混合料直接进入加速蠕变破坏阶段，且随着荷载应力由 0.2MPa 提高至 0.3MPa，AC-20C 沥青混合料在 50℃条件下的蠕变变形包含了全部 3 个蠕变阶段，即经历了衰减蠕变和稳态蠕变最终进入加速蠕变阶段而发生破坏。

研究表明，沥青混合料的稳态蠕变变形速率（蠕变曲线第 2 阶段的斜率 k）能够反映沥青混合料的蠕变变形特性[16]。k 值越大，沥青混合料越容易发生蠕变变形。k 值的大小除了与沥青混合料本身的材料特性有关外，还与试验的荷载应力水平和温度高低有关，图 6.25 和图 6.26 分别为 k 值与荷载应力水平和温度水平变化关系图。由图 6.25 可知，随着应力水平的提高，k 值逐渐变大，说明随着应力水平的提高，沥青混合料发生蠕变变形的速率越大，变形发展越快。在图 6.26 中，AC-13C 沥青混合料在 40℃条件下的 k 值比 30℃条件下的 k 值还小，可能是由于 AC-13C 沥青混合料在 30℃、40℃和 50℃条件下的蠕变变形曲线十分接近，导致在这三个温度条件下的 k 值变化规律出现异常，而 AC-20C 沥青混合料由于在 30℃、40℃和 50℃条件下的蠕变变形曲线差异明显而使得 k 值具有合理的规律性。

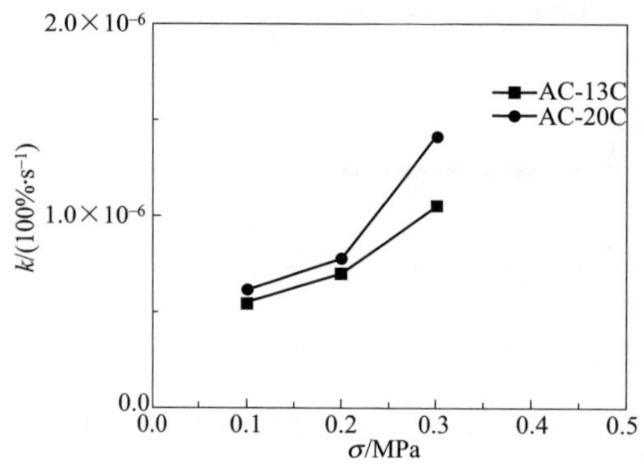

图 6.25　沥青混合料稳态蠕变率随应力水平变化图（30℃）

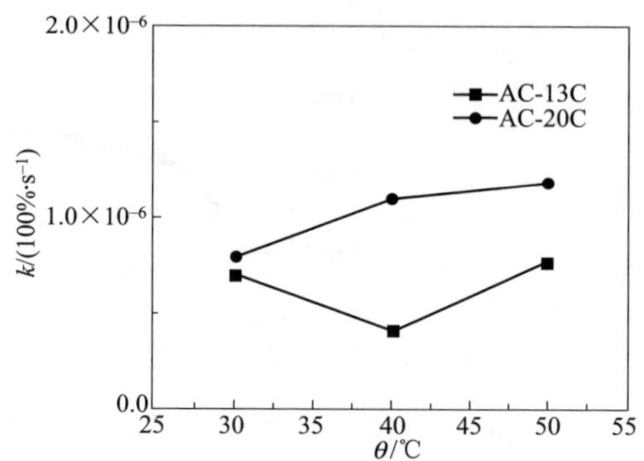

图 6.26　沥青混合料稳态蠕变率随温度水平变化图（0.2MPa）

6.4 分数阶导数沥青混合料经验蠕变本构模型

6.4.1 分数阶导数经验蠕变本构模型

一维情况下，沥青混合料的蠕变应变如式(6.33) 所示[32]：

$$\varepsilon_c = F(\sigma, T, t) \tag{6.33}$$

式中　ε_c——蠕变变量；

F——为应力 σ、温度 T 和时间 t 的函数。

为了研究方便，可近似地认为这些影响因素是相互独立的，式(6.33) 可以写为

$$\varepsilon_c = \sum_{i=1}^{n} f_i(T) g(\sigma) h(t) \tag{6.34}$$

以此来建立时间硬化理论、应变硬化理论、恒速理论等，结合沥青混合料的蠕变试验结果，认为时间硬化理论能够较为全面而准确地描述沥青混合料的蠕变特性。该理论认为，蠕变过程中材料的硬化主要的影响因素是时间，而与蠕变的变形量无关。因此，当温度一定时，蠕变率可以写成

$$\dot{\varepsilon}_{cr} = Bn\sigma^m t^{n-1} \tag{6.35}$$

式中　$\dot{\varepsilon}_{cr}$——蠕变应变率；

σ，t——分别为蠕变应力和蠕变时间；

B，m，n——蠕变参数。

不考虑蠕变试验前荷载从 0 加到蠕变应力 σ_0 阶段，并设沥青混合料的瞬时弹性应变为施加到蠕变荷载 σ_0 时产生的应变，并且沥青混合料没有发生屈服破坏，对式(6.35）进行积分可得沥青混合料的蠕变应变，即

$$\varepsilon_c = \varepsilon_{ct} + \varepsilon_{cr} = A + \int_0^t \mathrm{d}\varepsilon_c = A + B\sigma_0^m t^n \tag{6.36}$$

式中　ε_c——蠕变总应变；

ε_{ct}——弹性应变；

ε_{cr}——蠕变应变；

A，B，m，n——蠕变参数。

由式(6.36）可以看出，忽略初始应变，并且不考虑恢复变形阶段，在应力为施加荷载 σ_0（$m=1$）条件下，式(6.36）退化为本书第 5 章新构建的改进分数阶导数黏弹性经验蠕变本构模型［式(5.3)］。因此，可以认为式(6.36）为基于分数阶导数的经验蠕变本构模型。可以看出，此模型考虑到了荷载大小和蠕变效应的影响，但是并没有考虑到应力水平（荷载应力与破坏应力之比）和温度水平（试验温度与基准温度之比）的影响。

考虑到沥青路面车辙病害主要是高温条件下沥青混合料产生的永久变形，而温度对沥青混合料的蠕变变形特性影响较大。因此，本书在式(6.36）的基础上进行进一步改进，构建考虑应力水平和温度水平的改进模型，其表达式为

$$\varepsilon^p = a(q^*)^m \times (1+T^*)^n \times (t/t_0)^b \tag{6.37}$$

$$q^* = \frac{q}{q_f} \tag{6.38}$$

$$T^* = \frac{T}{T_{ref}} \tag{6.39}$$

式中　ε^p——总应变；

q^*——应力水平；

q——荷载应力；

q_f——破坏应力或极限应力；

T^*——温度水平；

T——试验温度；

T_{ref}——基准温度；

t_0——单位时间，$t_0=1\mathrm{s}$；

a，b，m，n——模型参数，其中 m 和 n 分别反映了应力水平和温度水平对蠕变变形的影响。

新构建的模型［式(6.37)］综合考虑了应力水平和温度水平对沥青混合料蠕变变形的影响，具有更为广泛的适用性，并且该模型克服了传统经验模型中参数完全由拟合得到而造成参数物理意义不明确及难于统一的缺点。

6.4.2　模型参数识别

沥青混合料的永久变形与环境温度和荷载应力水平等因素相关，为此本书提出

了能够反映应力水平和温度水平影响的蠕变模型，在反映应力水平的式(6.38)中，q_f 为破坏应力或极限应力，由于变形强度能够反映沥青混合料的高温抗剪性能，在此取沥青混合料的变形强度为其破坏应力。在反映温度水平的式(6.39)中，T_{ref} 为基准温度，在此取 60℃为基准温度。不考虑加速蠕变情况，通过对 AC-13C 和 AC-20C 两种沥青混合料在不同温度和不同应力水平条件下的蠕变曲线拟合得到 a、b、m 和 n 值，如表 6.2 和图 6.27 所示，从中可以看出各种条件下 b 和 m 值均差别不大，因此 b 和 m 可以直接取平均值得到，而 n 反映了温度水平对蠕变变形的影响，可由试验蠕变变形与应力水平的归一化值利用幂函数拟合计算得到 a 和 n，如图 6.28 所示。而对于不同应力条件下的具体数值如表 6.2 所示。采用同样的方法得到 AC-20C 沥青混合料的蠕变参数，具体见表 6.2。

表 6.2 模型拟合参数表

沥青混合料类型	应力水平/MPa	a	b	m	n
AC-13C	0.2	0.0300	0.0447	0.5803	0.5997
AC-13C	0.3	0.0252	0.0447	0.5803	1.3651
AC-20C	0.2	5.0366	0.0620	2.3982	1.9427
AC-20C	0.3	3.0709	0.0620	2.3982	1.4825

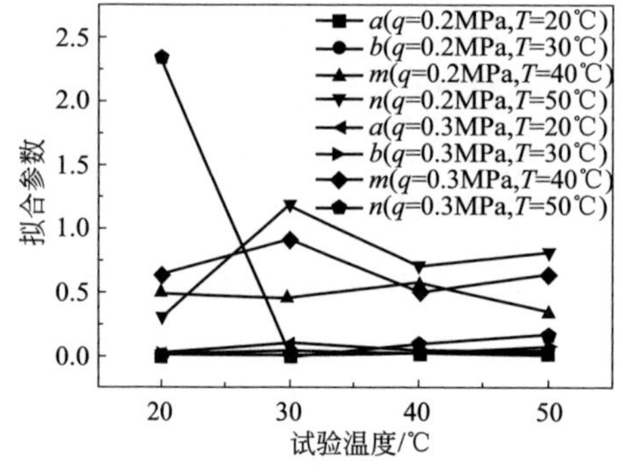

图 6.27 AC-13C 沥青混合料模型参数拟合结果（0.2MPa）

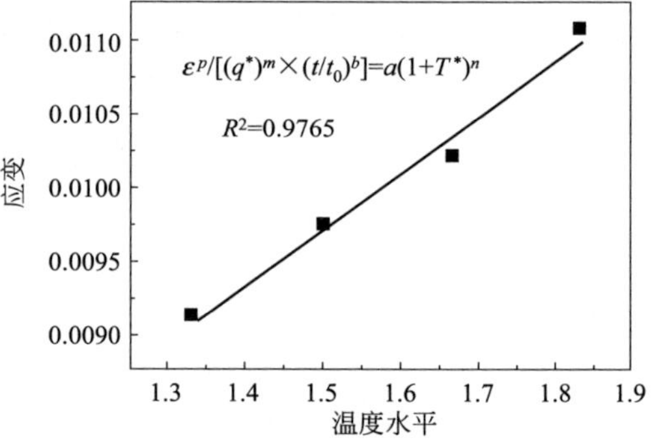

图 6.28 AC-13C 沥青混合料归一化后蠕变应变与温度水平关系（0.2MPa）

6.4.3 模型验证

将表 6.1 中的参数代入式(6.37)，利用分数阶导数沥青混合料经验蠕变本构模型对 AC-13C 和 AC-20C 两种沥青混合料在 0.2MPa 荷载下的蠕变变形进行预估（图 6.29 和图 6.30）。由图 6.29 和图 6.30 可以看出，新的蠕变本构模型预测结果与试验结果较为接近且变化规律类似，表明该模型能够综合考虑应力水平和温度水平对沥青混合料蠕变变形的影响，可以较好地预测不同温度和不同应力条件下的单轴静载蠕变变形；但是随着蠕变时间的增长，新模型预测结果与试验结果的偏差会越来越大，因此，新模型的长期蠕变变形预测能力有待进一步提升。

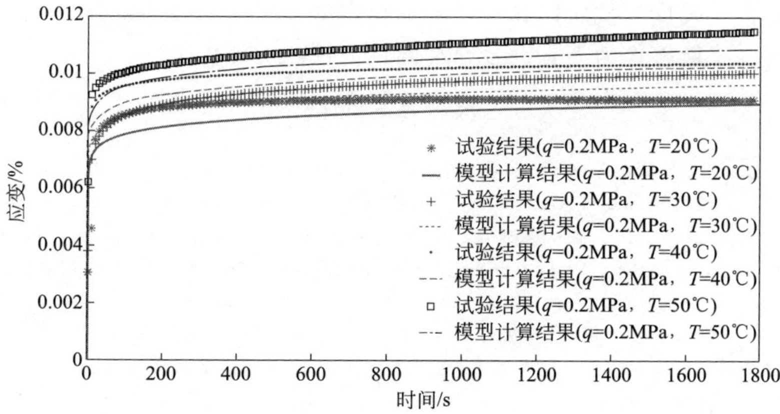

图 6.29　AC-13C 沥青混合料单轴静载蠕变试验结果及模型预测值对比图（0.2MPa）

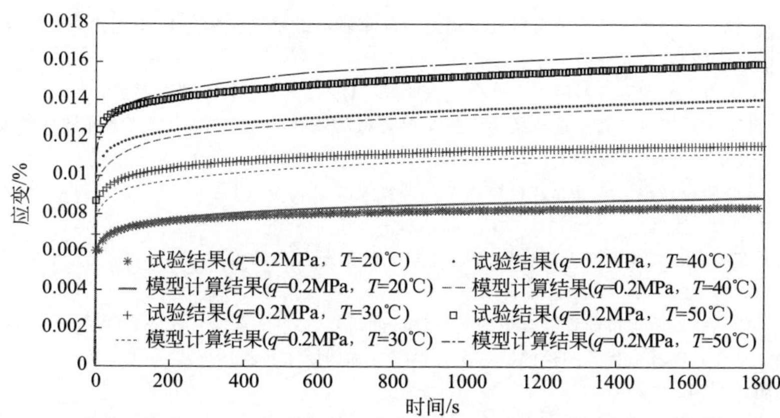

图 6.30　AC-20C 沥青混合料单轴静载蠕变试验结果及模型预测值对比图（0.2MPa）

6.5　本章小结

① 通过对 AC-13C 和 AC-20C 两种沥青混合料在不同应力和不同温度条件下的单轴静载蠕变恢复试验可知，在 0.2MPa 荷载作用下，随着试验温度的升高，AC-13C 沥青混合料的瞬时弹性应变逐渐变大，特别是当试验温度为 60℃时，试件还未进入稳定蠕变阶段即发生加速变形发生破坏；随着应力水平由 0.2MPa 增大到 0.3MPa，AC-20C 沥青混合料发生加速蠕变破坏温度从 60℃降到了 50℃，说明随着应力水平的提高，沥青混合料发生加速蠕变破坏的临界温度有所降低。

② 基于分数阶导数理论，建立了考虑应力水平和温度水平的沥青混合料经验蠕变本构模型。基于 AC-13C 和 AC-20C 两种沥青混合料单轴静载蠕变试验结果归一化分析得到模型相关参数，并检验了模型的精度及合理性。

③ 针对沥青混合料高温抗剪性能指标试验方法的不足，对现有单轴贯入试验压头进行了局部改进，并进行了一系列变形强度试验。通过对变形强度试验结果与

沥青混合料抗压强度、抗压回弹模量及动稳定度之间的相关关系分析可知，沥青混合料的变形强度能够作为沥青混合料高温抗剪性能的评价指标。

本章参考文献

[1] 杜顺成，戴经梁．沥青混合料永久变形评价指标［J］．中国公路学报，2006，19（5）：18-22.

[2] Molenaar J M M，Verburg H A，Westera，G E. Characterization of permanent deformation behavior of asphalt mixtures［C］//Proceedings of the Conference Road Safety in Europ and Strategic Highway Research Program（SHRP）．Prague：Swedish National Road and Transport Research Institute，1995.

[3] Hafez I. Development of a simplified asphalt mix stability procedure for use in superpave volumetric mix design［D］．Maryland：University of Maryland，1997.

[4] 王后裕，朱可善，言志信等．沥青混合料蠕变柔量的一种实用模型及其应用［J］．固体力学学报，2002，23（2）：232-236.

[5] 周晓青，李宇峙，应荣华等．基于蠕变试验分析沥青路面车辙的能量方法［J］．公路交通科技，2005，22（9）：62-65.

[6] 李辉，张久鹏，黄晓明．沥青混合料高温稳定性的单轴静载蠕变试验［J］．河南科技大学学报：自然科学版，2006，27（3）：48-51.

[7] 冯林．单轴压力下沥青混合料静动态蠕变模型研究［D］．长沙：长沙理工大学，2008.

[8] 朱云升，郭忠印，王景．高温重载条件下沥青混合料的蠕变试验研究［J］．建筑材料学报，2008，11（5）：545-549.

[9] 张久鹏，黄晓明，马涛．沥青混合料损伤蠕变特性及模型研究［J］．岩土工程学报，2008，30（12）：1867-1871.

[10] 张久鹏，黄晓明，高英．沥青混合料非线性蠕变模型及其参数确定［J］．长安大学学报：自然科学版，2009，29（2）：24-27.

[11] 祁峰．采用蠕变试验评价沥青混合料的高温稳定性研究［D］．西安：长安大学，2009.

[12] 周志刚，刘飞，冯林．优化理论的沥青混合料蠕变本构模型经验性公式［J］．长沙理工大学学报：自然科学版，2009，6（1）：6-9.

[13] 程小亮．基于非线性蠕变方程沥青混合料永久变形特性研究［D］．哈尔滨：哈尔滨工业大学，2010.

[14] 朱洪洲，严恒，唐伯明．沥青混合料疲劳-蠕变交互作用损伤模型［J］．中国公路学报，2011，24（4）：15-20.

[15] 曾国伟，杨新华，尹安毅，等．沥青混合料损伤蠕变模型试验研究［J］．武汉科技大学学报，2011，34（5）：364-367.

[16] 栗培龙，张争奇，王秉纲．沥青混合料高温蠕变变形行为及机理［J］．建筑材料学报，2012，15（3）：422-426.

[17] 刘俊卿，李倩，李红孝．基于统计损伤理论的沥青混合料的蠕变模型［J］．公路交通科技，2014，31（8）：13-18.

[18] 张常富．沥青混合料动态蠕变性能与单轴贯入性能的研究［D］．重庆：重庆交通大学，2015.

[19] 康永刚，张秀娥，张华明．沥青混合料蠕变的变参数模型［J］．公路交通科技，2015，32（7）：13-17.

[20] 高东东．沥青混合料的非线性黏弹性蠕变分析［D］．湘潭：湘潭大学，2015.

[21] 徐世法，朱照宏．按粘弹性理论预估沥青路面车辙［J］．同济大学学报，1990，18（3）：299-305.

[22] 孙立军．沥青路面结构行为理论［M］．北京：人民交通出版社，2005：325-326.

[23] 毕玉峰，孙立军．沥青混合料抗剪试验方法研究［J］．同济大学学报：自然科学版，2005，（8）：1036-1040.

[24] 彭勇，孙立军，石永久，等．沥青混合料抗剪强度的影响因素［J］．东南大学学报：自然科学版，2007，37（2）：330-333.

[25] 汤文，孙立军．不同温度下沥青混合料的抗剪性能及其评价指标［J］．公路，2012，(3)：191-195.

[26] 袁峻，贾璐，孙立军．沥青混合料抗永久变形特性试验方法评价［J］．重庆交通大学学报：自然科学版，2008，27 (4)：584-609.

[27] 许严，孙立军，刘黎萍．基于单轴贯入重复剪切试验的沥青混合料永久变形［J］．同济大学学报：自然科学版，2013，4 (8)：1203-1207.

[28] 张宏．沥青路面数值模拟及单轴贯入蠕变试验研究［D］．重庆：重庆交通大学，2008.

[29] 李明月．基于马歇尔试件单轴贯入的沥青混合料高温稳定性试验方法研究［D］．西安：长安大学，2012.

[30] JTJ E20—2011 公路工程沥青及沥青混合料试验规程［S］.

[31] Young S Doh，Kyong K Yun，Serji N Amirkhanian，etc. Framework for developing a static strength test for measuring deformation resistance of asphalt concrete mixtures. Construction and building materials，2007，21：2047-2058.

[32] 张久鹏，黄晓明，王晓磊．基于黏弹塑性理论的沥青路面车辙分析［J］．公路交通科技，2007，24 (10)：20-24.

第7章 分数阶导数沥青混合料经验蠕变本构模型有限元应用

7.1 概述

随着商业有限元软件的快速发展和普及，利用有限元软件进行科学计算及分析已经成为科学研究中的一项重要手段。由于ABAQUS通用有限元软件擅长非线性有限元分析并且能够分析复杂的固体力学和结构力学系统而日益受到学者的青睐。张久鹏等[1,2] 基于黏弹塑性理论，通过蠕变试验获得蠕变本构模型的参数，利用ABAQUS软件分别对柔性基层和半刚性基层沥青路面永久变形进行了分析。ABAQUS软件自带的蠕变本构模型为经验蠕变本构模型，其能够描述沥青混合料的高温蠕变变形，其本构方程为

$$\dot{\varepsilon}_{cr}=A\sigma^{m}t^{n} \tag{7.1}$$

式中 $\dot{\varepsilon}_{cr}$——蠕变应变率；

σ——荷载应力；

t——荷载作用时间；

A，m，n——黏弹性材料的材料参数，可以通过拟合分析得到。

本章文献［1］选取沪宁高速公路2种柔性基层沥青路面结构作为研究对象，将不同种类型的沥青混合料路面看成黏弹塑性材料，利用非线性拟合的方法得到各种材料的材料参数，基层看成弹性材料，并对车辆荷载进行了简化，利用ABAQUS软件建立了平面二维模型，选用平面应变8节点的cpe8单元，creep采用的为时间硬化法则。通过有限元计算得出车辆荷载作用50万次的路面车辙。计算结果表明，有限元模拟结果与环道试验结果较为一致，并且随着荷载作用次数的增加，两者越来越接近；车辙在荷载初期发展迅速，后期变化较慢；路面的侧向变形占15%～30%，主要是竖向绝对车辙。

张丽娟等[3] 计算得到了静载蠕变试验的解析解，材料不发生屈服时（$\sigma<\sigma_0$时）的总应变为

$$\varepsilon^{\rm total}=\varepsilon^{\rm el}+\varepsilon^{\rm cr}=\frac{\sigma_0}{Et_0}t+\frac{A\sigma_0^{n}}{t_0^{n}}\frac{t^{m+n+1}}{m+n+1} \tag{7.2}$$

$\sigma=\sigma_0$ 时材料的总应变为

$$\varepsilon^{\text{total}}=\varepsilon^{\text{el}}+\varepsilon^{\text{cr}}=\frac{\sigma_0}{E}+\frac{A\sigma_0^n t_0^{m+n+1}}{m+n+1}+\frac{t^{m+1}-t_0^{m+1}}{m+1}A\sigma_0^n \tag{7.3}$$

在材料发生屈服后，已有的应变加上相应的塑性应变就为材料的总应变。

沥青路面在荷载作用下的变形为弹性、黏弹性、黏塑性和塑性变形的组合，其中，弹性变形和塑性变形瞬时产生，与时间无关，而黏弹性变形及黏塑性变形则随着荷载施加的时间的增长而增长。假设应变率可以进行线性分解为

$$\mathrm{d}\varepsilon=\mathrm{d}\varepsilon^{\text{el}}+\mathrm{d}\varepsilon^{\text{pl}}+\mathrm{d}\varepsilon^{\text{cr}} \tag{7.4}$$

式中　$\mathrm{d}\varepsilon$——材料的总应变率；

$\mathrm{d}\varepsilon^{\text{el}}$、$\mathrm{d}\varepsilon^{\text{pl}}$——与时间无关的弹性应变率和塑性应变率；

$\mathrm{d}\varepsilon^{\text{cr}}$——与时间有关的蠕变应变率。

线性德鲁克-普拉格屈服准则为

$$F=t-p\tan\beta-d=0 \tag{7.5}$$

$$t=\frac{q}{2}\left[1+\frac{1}{K}-\left(1-\frac{1}{K}\right)\left(\frac{r}{q}\right)^3\right] \tag{7.6}$$

式中　p——等效围压应力或平均主应力；

β——一般为材料的摩擦角；

q——Mises 等效应力；

K——三轴拉伸屈服应力与三轴压缩屈服应力之比；

d——一般为材料的黏聚力；

t——偏应力；

r——第三偏应力张量不变量。

ABAQUS 中的蠕变模型为

$$\varepsilon^{-\text{cr}}=A(\sigma^{-\text{cr}})^n t^m \tag{7.7}$$

式中　$\varepsilon^{-\text{cr}}$——等效蠕变应变率；

$\sigma^{-\text{cr}}$——等效蠕变应力；

t——荷载作用时间；

A，m，n——材料蠕变蠕变参数，可以通过拟合得到。

张丽娟等[3] 通过 MTS-810 材料试验机分别进行 25℃和 40℃条件下的单轴静载蠕变试验并用上述模型对结果拟合分析得到模型参数。结果表明：沥青混合料有限元模型模拟结果与解析解较为一致，说明蠕变模型的适应性及精确性；可以利用德鲁克-普拉格时间硬化蠕变模型预估沥青混合料的永久变形。

ABAQUS 有限元软件为了弥补自带材料本构模型的不足，可以允许用户自定义材料本构模型来解决用户的实际问题。

为此，付凯敏等[4] 利用 ABAQUS 提供的用户材料子程序二次开发出修正伯格斯蠕变模型子程序并对沥青混合料单轴蠕变试验结果进行了模拟分析，然后与 ABAQUS 自带时间硬化蠕变模型的优劣进行了对比分析。

程小亮[5] 提出了描述加速蠕变阶段特性的非线性流变元件，建立了完整准确

描述混合料三阶段变形特点的非线性“五单元、七参数”蠕变模型，并利用用户材料子程序实现了该蠕变模型的有限元计算。

杨博[6]通过总结分析现有沥青路面车辙预估模型的优缺点，利用 ABAQUS 有限元软件二次开发技术，设计出了沥青路面车辙预估系统。

牛海涛[7]基于损伤力学和黏弹性理论，推导出了沥青混合料的修正伯格斯蠕变损伤模型，并将修正伯格斯蠕变损伤模型编写成用户材料子程序，利用该子程序对三维沥青混合料道路模型进行了计算分析。

综上所述，基于 ABAQUS 提供的用户材料子程序二次开发功能，编写本书第 5 章新构建的分数阶导数沥青混合料经验蠕变本构模型子程序，利用 ABAQUS 有限元软件对沥青混合料单轴静载压缩蠕变试验和沥青混合料车辙试验进行模拟分析，探讨模型及子程序的合理性，进而实现沥青混合料车辙试验永久变形的近似预估。

7.2 基于 ABAQUS 的分数阶导数经验蠕变本构模型 UMAT 实现

7.2.1 UMAT 子程序简介

ABAQUS 允许用户通过子程序以代码的形式扩展主程序的功能，并给用户提供了用户子程序接口和应用程序接口，用户可以根据自身需求定义材料特性、接触条件、边界条件和荷载条件等要求。

用户材料子程序（User-defined Material，简称 UMAT）是 ABAQUS 提供给用户自定义的材料属性的 Fortran 程序接口，使用户能够定义 ABAQUS 材料库中没有的材料本构模型，如非线性弹性、弹塑性以及蠕变等模型[8-10]。

7.2.2 UMAT 子程序流程及实现

UMAT 子程序主要包含以下几个部分：子程序定义、参数说明、局部变量说明、程序主体、返回和结束语句，这些语句均使用 Fortran 语言编写。

7.2.2.1 UMAT 子程序接口

由于主程序和 UMAT 子程序之间需要传递数据，因此必须符合 UMAT 标准书写格式要求。UMAT 中的应力矩阵、应变矩阵、DDSDDE、DDSDDT、DRPLDE 等都是直接分量在前，剪切分量在后，直接分量有 NDI 个，剪切分量有 NSHR 个，编程时需要注意。

在使用 UMAT 子程序时，采用缩减积分单元后，沙漏控制刚度是通过材料属性中的弹性性质定义，这些刚度基于材料初始剪切模量。但是在使用 UMAT 时，ABAQUS 对程序输入文件进行预处理时得不到剪切模量的数值，所以必须通过 Element Type 中 Hourglass Stiffness 选项来定义具有沙漏模式的单元的沙漏控制刚度。

7.3.2.2 UMAT 子程序流程

当主程序在单元的积分点上调用 UMAT 时，主程序路径将通过 UMAT 接口进入 UMAT 子程序，并传入应变增量、时间步长、荷载增量及求解过程中的相关变量；UMAT 子程序根据用户自定义的本构方程求解应力增量并更新应力等变量，计算雅可比矩阵并传递给主程序形成整体刚度矩阵；主程序继而进行平衡计算，直到收敛为止，然后进行下一增量步的计算。在 UMAT 结束时，变量的更新值将通过接口返回主程序。UMAT 子程序流程图如图 7.1 所示。根据有限元理论，UMAT 子程序的编程思路如图 7.2 所示。

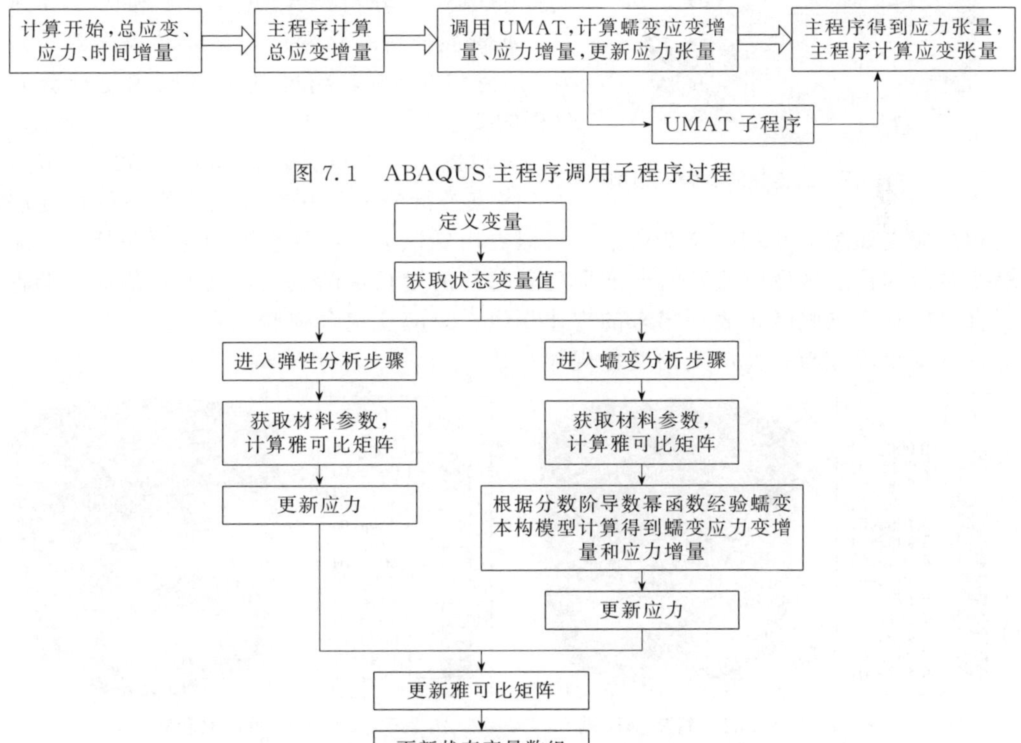

图 7.1 ABAQUS 主程序调用子程序过程

图 7.2 UMAT 子程序实现思路流程

7.3 单轴静载蠕变数值模拟结果分析

为了对分数阶导数沥青混合料经验蠕变本构模型子程序进行验证，本书利用有限元建立沥青混合料单轴静载蠕变试验模型，利用本书新编写的模型子程序进行数值模拟，并与试验结果进行对比分析。

7.3.1 有限元模型

按照沥青混合料单轴压缩蠕变试验试件尺寸，利用有限元建立直径和高分别为

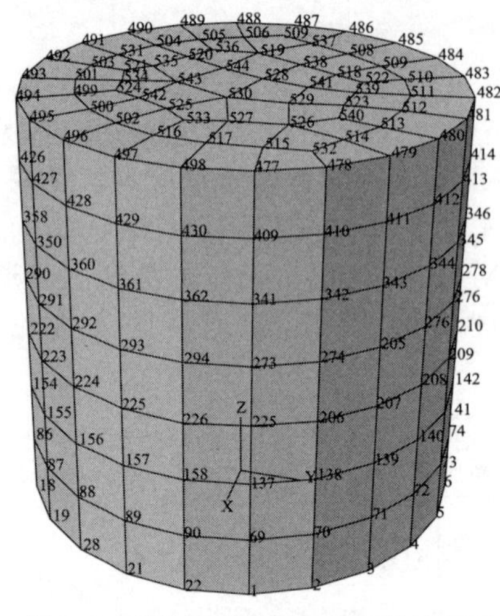

图 7.3 单轴压缩蠕变试验有限元模型

100mm 的有限元模型，采用 C3D8R 单元，模型底部完全约束，建立的模型及划分后的网格如图 7.3 所示。

7.3.2 单轴静载蠕变数值模拟结果分析

利用分数阶导数沥青混合料经验蠕变本构模型子程序对 AC-13C 和 AC-20C 两种沥青混合料在 0.2MPa 应力作用下 40℃条件下的蠕变试验进行模拟分析结果如图 7.4 和图 7.5 所示，沥青混合料的总变形与试验结果误差分别为 7.6%和 9.0%，精度基本可以满足计算及分析的要求。

选取图 7.3 中试件顶面编号为 528 的节点为代表点进行分析，其在荷载作用下的蠕变应变和总应变如图 7.6 和图 7.7 所示。可以看出：该节点的蠕变变形主要包括了衰减蠕变阶段和稳态蠕变阶段，蠕变变形随着时间的增长逐渐变大，其变化规律与沥青混合料的蠕变试验结果表现出来的规律一致；总应变包含弹性应变和蠕变应变，总应变的变化规律与蠕变应变的变化规律一致。

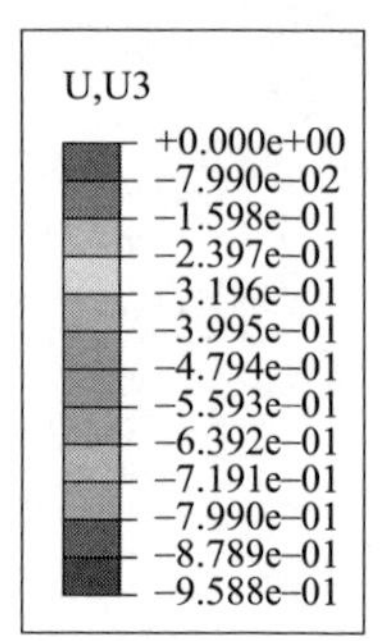

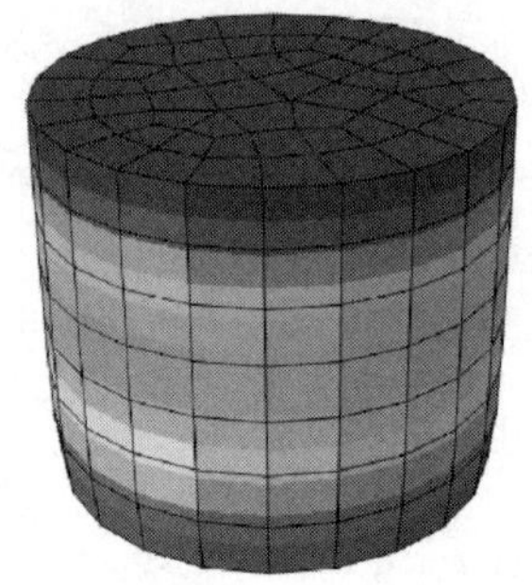

图 7.4 AC-13C 沥青混合料单轴压缩蠕变试验有限元模拟结果

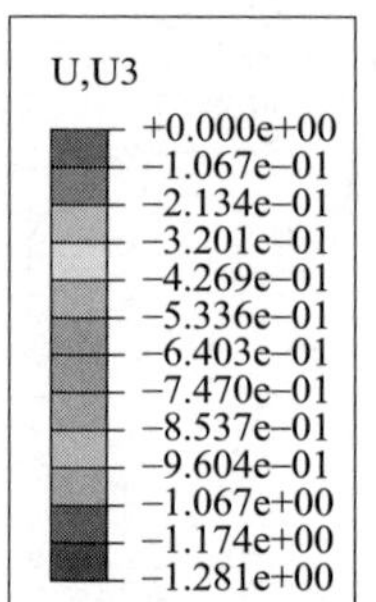

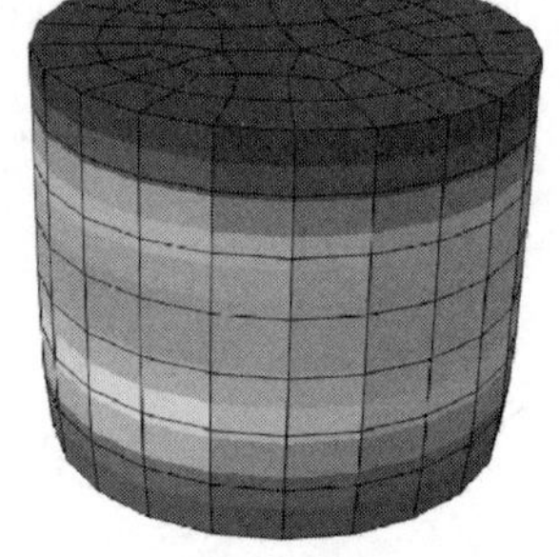

图 7.5 AC-20C 沥青混合料单轴压缩蠕变试验有限元模拟结果

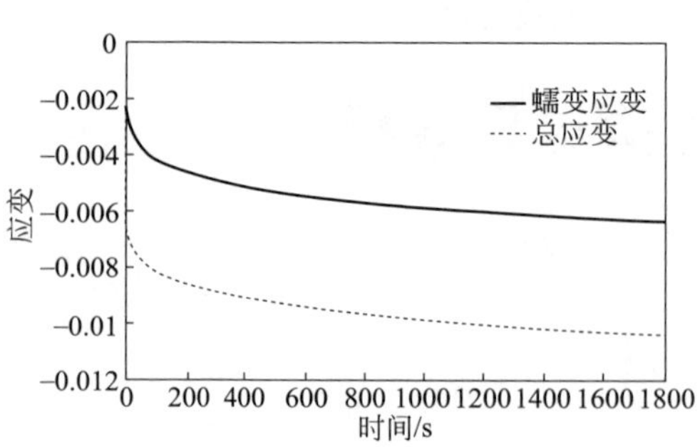

图 7.6 AC-13C 代表节点蠕变应变与时间的关系（528 节点）

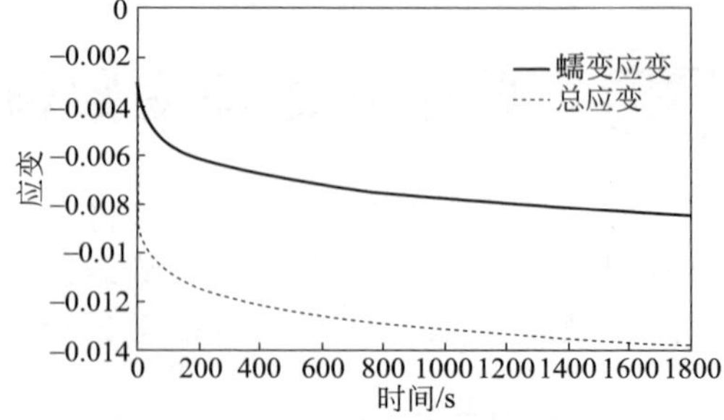

图 7.7 AC-20C 代表节点蠕变应变与时间的关系（528 节点）

7.4 循环动态荷载作用下沥青混合料车辙预估

车辙病害是当前沥青路面最常见的病害形式之一，严重影响着行车的舒适性和安全性。因此，国内外学者利用多种方法对车辙产生的机理及预防措施进行了深入研究，并建立了多种模型。由于有限元法可以模拟沥青混合料的非线性材料特性，并且能够计算复杂边界条件和多种因素影响下的沥青混合料的应力应变而具有纯理论法不可比拟的优势。因此，本书利用有限元建立车辙试验模型，利用分数阶导数沥青混合料经验蠕变本构模型子程序计算沥青混合料车辙变形，并与试验结果进行对比分析，验证该方法的可行性。

7.4.1 有限元模型

按照沥青混合料车辙试验试件的尺寸建立长宽高分别为 0.3m、0.3m 和 0.05m 的有限元模型，采用 C3D8R 单元，模型底部及四周完全约束，建立的有限元模型如图 7.8 所示。

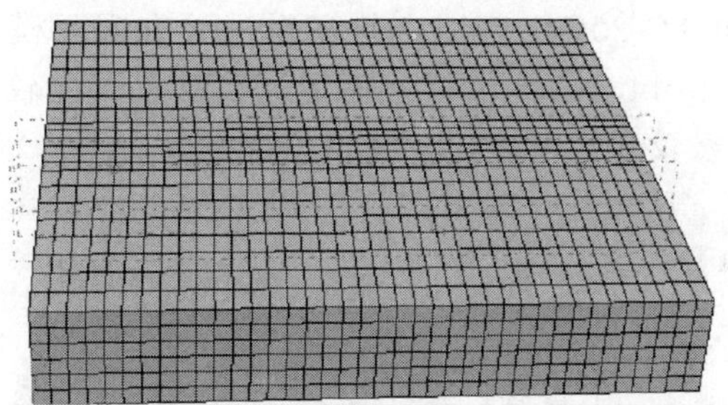

图 7.8　车辙试件有限元模型

7.4.2 荷载模型

由于车辙试验试验轮为动态荷载，可以采用近似的正弦波动荷载来模拟试验轮的循环重复荷载，这在研究问题的规律性时非常方便。ABAQUS 中通过使用幅值曲线来对模型进行稳态动力分析。ABAQUS 定义了 11 种幅值曲线，分别为表格幅型值曲线、等间距型幅值曲线、周期型幅值曲线等幅值曲线。由于本书采用正弦波来模拟试验轮循环重复荷载，在模型计算时选取周期型幅值曲线，其表达式如式(7.8) 和式(7.9) 所示：

$$t \geqslant 0\text{ 时，幅值 } a = A_0 + \sum_{n=1}^{N} [A_n \cos n\omega(t - t_0) + B_n \sin n\omega(t - t_0)] \tag{7.8}$$

$$t < 0\text{ 时，幅值 } a = A_0 \tag{7.9}$$

式中　N——傅里叶级数项的个数；

ω——圆频率；

t_0——起始时刻；

A_n，B_n——分别为 cos 项和 sin 项的系数。

根据试验轮行走路径长度及时间计算得到 ω 并确定其他参数如表 7.1 所示。

表 7.1　幅值参数表

t_0	ω	A_0	A_n	B_n
0	2.8	0.5	−0.5	0

7.4.3　车辙试验有限元模拟

使用新构建模型的 UMAT 子程序对沥青混合料车辙试验的车辙变形进行有限元模拟。通过幅值曲线将荷载以正弦曲线分布，为了使计算过程中幅值曲线荷载均能够施加在车辙有限元模型上，荷载分析步的最大增量步确定为 0.02s。考虑到整个计算过程耗时较长，车辙试验有限元模拟计算总时间选为 3600s，并将模拟计算结果与车辙试验 3600s 时车辙变形进行对比分析。

AC-13C 和 AC-20C 两种沥青混合料车辙试验有限元模拟计算结果如图 7.9 和图 7.10 所示。可以看出：AC-13C 沥青混合料的车辙变形为 AC-20C 沥青混合料的 1.135 倍，AC-13C 和 AC-20C 沥青混合料车辙试验有限元模拟结果与车辙试验结果误差分别为 13.4%和 14.1%，模拟分析与试验结果误差较大，但考虑到沥青混合料车辙试验影响因素较多，该预估精度仍可以接受。

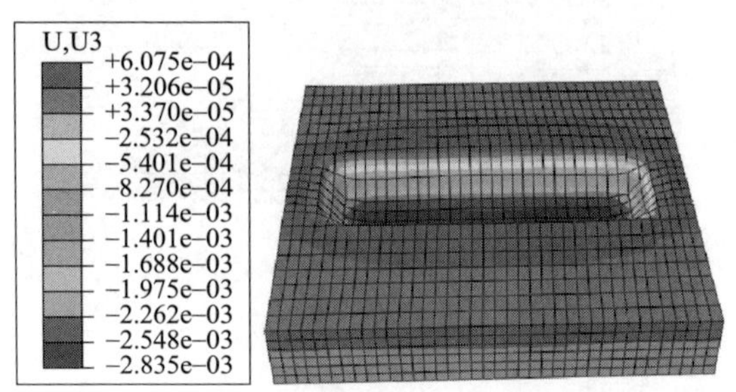

图 7.9　AC-13C 沥青混合料车辙变形模拟计算结果

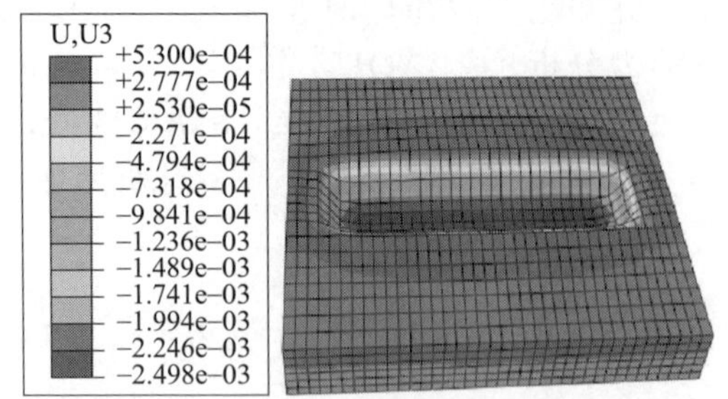

图 7.10　AC-20C 沥青混合料车辙变形模拟计算结果

同样选取车辙试验模型顶面中部节点（节点编号为 378）为代表节点进行分析。

该节点沿竖直方向的位移曲线与沥青混合料的车辙变形结果如图 7.11 和图 7.12 所示。可以看出：在试验第一阶段前期（第一阶段和第二阶段的分界点为车辙试验变形曲线与数值模拟变形曲线的交点对应的时间，对 AC-13C 沥青混合料而言为 1370s，对 AC-20C 沥青混合料为 1200s），有限元模拟位移大于试验结果，而在第二阶段，有限元模拟变形小于试验结果。总体上看，试验结果曲线有发生持续蠕变变形而发生加速破坏趋势。因此，随着时间的增长，模拟结果与试验结果之间的误差会越来越大。由于车辙试验结果记录时间间隔较长（每 300s 记录一个数据），因此利用 MATLAB 软件对 AC-13C 沥青混合料前 2000s 的试验结果拟合（拟合函数为幂函数，决定系数为 0.9986）得到连续光滑曲线，如图 7.13 所示。可以看出，在试验的第一阶段，经拟合后的沥青混合料车辙试验结果曲线与有限元模拟计算得到的模拟曲线形式类似且变化规律相同，进一步验证了本书所提出的模型的合理性。

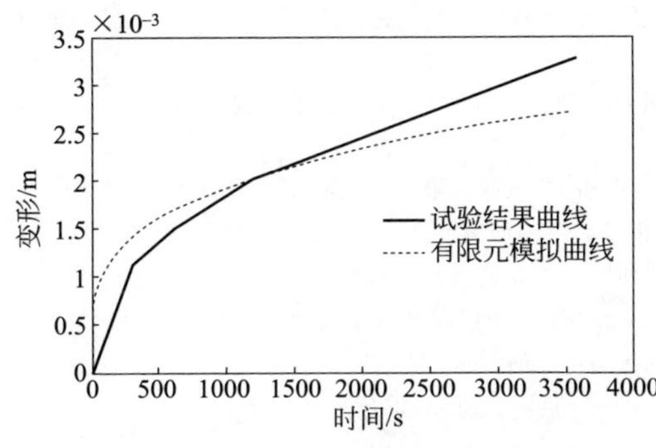

图 7.11　AC-13C 沥青混合料车辙变形模拟计算结果

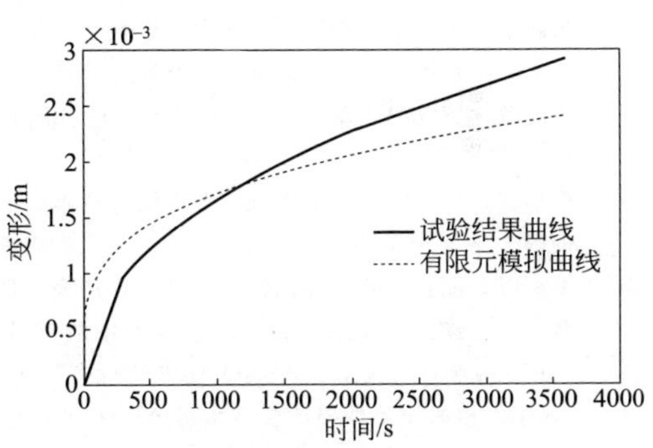

图 7.12　AC-20C 沥青混合料车辙变形模拟计算结果

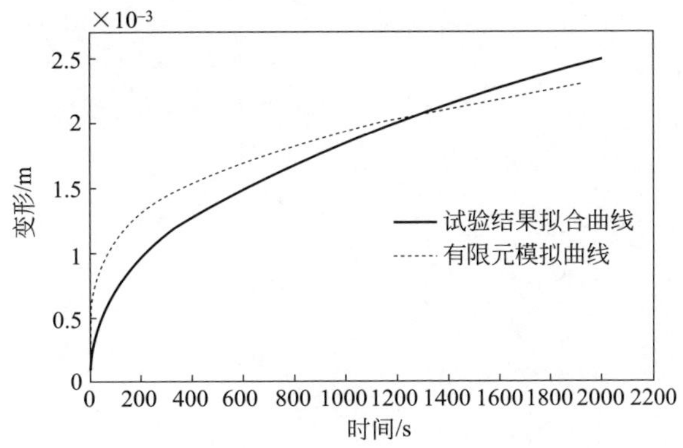

图 7.13　AC-13C 沥青混合料车辙变形模拟计算结果（前 2000s）

7.5　本章小结

基于 ABAQUS 提供的用户材料子程序二次开发功能，编写本书第 5 章新构建的分数阶导数沥青混合料经验蠕变本构模型子程序，利用ABAQUS有限元软件对沥青混合料单轴静载压缩蠕变试验和沥青混合料车辙试验进行模拟分析。结果表明：利用分数阶导数沥青混合料经验蠕变本构模型子程序对沥青混合料单轴静载压缩蠕变试验数值模拟精度较高，而对车辙试验模拟的精度较低，但考虑到车辙试验的复杂性和影响因素多样性，我们可以利用此方法对沥青混合料的车辙变形近似预估。

本章参考文献

［1］ 张久鹏，黄晓明，王晓磊．基于黏弹塑性理论的沥青路面车辙分析［J］．公路交通科技，2007，24（10）：20-24.

［2］ 胡萌，张久鹏，黄晓明．半刚性基层沥青路面车辙特性分析［J］．公路交通科技，2011，28（6）：14-18.

［3］ 张丽娟，张肖宁，陈页开．沥青混合料变形的粘弹塑性本构模型研究［J］．武汉理工大学学报：交通科学与工程版，2011，35（2）：289-292.

［4］ 付凯敏，黄晓明．基于ABAQUS的修正Burgers蠕变模型二次开发［J］．公路工程，2008，33（3）：132-137.

［5］ 程小亮．基于非线性蠕变方程沥青混合料永久变形特性研究［D］．哈尔滨：哈尔滨工业大学，2010.

［6］ 杨博．基于有限元方法的沥青路面车辙影响因素分析及其应用研究［D］．西安：长安大学，2010.

［7］ 牛海涛．沥青混凝土路面结构蠕变损伤研究［D］．西安：西安建筑科技大学，2015.

［8］ 费康，张建伟．ABAQUS在岩土工程中的应用［M］．北京：中国水利水电出版社，2010：111-167.

［9］ 庄茁，张帆，岑松等．ABAQUS非线性有限元分析与实例［M］．北京：科学出版社，2005：504-531.

［10］ 曹鹏．混凝土塑性损伤模型及其ABAQUS子程序开发［D］．沈阳：沈阳工业大学，2009.